# अद्य-गद्य

## बिंदास

सुधीश पचौरी

वाणी प्रकाशन

वाणी प्रकाशन का 'लोगो'
विख्यात चित्रकार मक़बूल फ़िदा हुसेन की
कूची से



ISBN : 978-81-8143-919-2

वाणी प्रकाशन
21-ए, दरियागंज, नयी दिल्ली-110002
द्वारा प्रकाशित

फोन : 0091#11#23273167, 23275710
फैक्स : 0091#11#23275710
ई-मेल : vaniprakashan@gmail.com
vani_prakashan@yahoo.com
वेबसाइट : www.vaniprakashan.com

प्रथम संस्करण : 2009

मूल्य : 250.00
आवरण : वाणी प्रकाशन
आर टेक ऑफ़सेट, प्रिंटर्स, दिलशाद गार्डन, दिल्ली-95
द्वारा मुद्रित

ADYA-GADYA BINDAS
*by* : Sudhish Pachouri

# भूमिका

ये अपनी गद्य के टुकड़े हैं। इसमें कटाक्ष है। मस्ती है। चुहल है। और जीवन की भीतरी, बन्द गलियों में ताका-झाँका गया है।

'बिंदास' का मतलब है—बैलौस। सीधा, आजाद, दो टूक। बेधड़क।

हिन्दी समाज जिस संचार-संवाद में निरंतर रहता है, वह बेधड़क और धंसमार वाला है। फंसाव, आपा-धापी, अचानक खुल पड़े नए तरह के विश्व में रातों रात कुछ कर गुजरने की लप-लपाहट ने साहित्य-संस्कृति के हाथ पैरों को जकड़ लिया है। हिंदी का अधिसंख्य रचनाकार लालच और छटपटाहट, अनुकूलन और प्रतिकूलन की दुरमिसंधियाँ, चिर-परिचित नाटकीय गहराई की तलाश में हरेक का किनारे बैठे रह जाना एक बड़े महावृत्तान्त को न पाने, न बना पाने की क्षत-विक्षत कामनाएँ और इस बड़प्पन के आखेट में बेहद क्षुद्र जीवन चर्याएँ!

हिंदी की कविता, कहानी प्रोन इन बहुत से अनुभवों को छिपाने के उद्यम में तल्लीन है। वहाँ एक बाल-सुलभ चतुराई भरी 'राजनीतिक-सांस्कृतिक करेक्टनैस' फैल गई है जो हर कथित रचना में, 'बचन' ऊपर तैरती नजर आती है। एक भयानक आत्मतुष्टि और दयनीय लिप्सा ने साहित्य के उपादानों को दोह लिया है।

बिंदास गद्य इस अद्यतन के प्रति निष्करुण ही हो सकता है। तो भी, निर्ममता की हद तक जाते-जाते उसमें ममता जागजाती है। एक खत्म से हो रहे साहित्य उद्यम को बहाल करने के लिए क्षुद्र-सा क्रिटीकल स्पेस तैयार करने में साहित्य अपने उत्तर आधुनिक चरण में 'क्षुद्रातिक्षुद्र' काम कर सकता है।

इन सबसे निपटने का गद्य निर्बंध और थोड़ा 'इर्रेवरेंट' 'अश्रद्ध' ही हो सकता था। दैनिक जीवन के गद्य की तरह वह जीवन के ट्रेफिक जैम में रुकने और रास्ता बनाकर निकलने की जुगत की तरह ही हो सकता है। दैनिक पत्र, मीडिया के गद्य ने इसी जीवन को उसके समग्र रोग-रंग में पकड़ा है। बिंदास का यह अद्यतन गद्य इसी का हिस्सेदार है। दैनिक पत्र न होते, मीडिया न होता तो हिंदी का गद्य न होता। वह है तो गद्य भी है और ठाठ से है।

इस संकलन के टुकड़ों को पाक्षिक रूप में अनंतः पाठकों ने पढ़ा है। सराहा है। बहुत सों में मजा लेने का भाव भी रहा है। यही बिंदास रस है। अनेक ऐसे भी रहे जो हमारी 'लिखन' में अपने इष्ट 'शत्रु' को खोजकर आनंदित हुए कि खूब ठुकाई की। फोना-फोनी करने लगे। यह देख अच्छा लगा। लगा कि इनका रस 'मेरे तेरे' वाले क्षय से पीड़ित है। बहुत 'पर्सनलाए' हुए हैं।

'बिंदास' ने जितनी 'खबर ली' उतनी 'खबर दी' भी। इसी चक्कर में अपनी खबर भी ले डाली। अपनी खबर लिए बिना दूसरे की खबर भला कैसी होती?

सो भइया! ये रहा 'अद्य गद्य बिंदास'।

—सुधीश पचौरी

# अनुक्रम

# सेक्स पर ऐंठी हुई नैतिकता

खुशबू ने कहा कि मर्दों को कुँवारी बीवी का आग्रह छोड़ देना चाहिए। और विवाह पूर्व यौन संबंध बनाने के दौरान सावधानी बरतनी चाहिए। इस पर अखिल तमिल दुनिया में हंगामा हो गया। मुकदमे हो गए। जेल जमानत तक बात गई। लोग सड़कों पर उतर आए। तमिल संस्कृति खतरे में दिखने लगी।

इन दिनों एनसीईआरटी का प्रस्ताव है कि माध्यमिक शिक्षा के दौरान यौन शिक्षा बच्चों को दी जानी चाहिए। हिंदुत्ववादी ब्रिगेड में एक बिलबिलाहट है कि ये क्या हो रहा है? ये तो पश्चिम की नकल हो रही है। हमारे बच्चे स्कूल में रामायण, राणा प्रताप या वीर शिवाजी की गाथाएँ पढ़ेंगे कि ये सब अश्लील बातें? क्लास कैसे लगेगी? एक ही क्लास में लड़के-लड़की होंगे, तो इस सबको कैसे बताया जाएगा?

एनसीईआरटी ने तेजी से बदलते समाज और उसकी सामाजिक-सांस्कृतिक जरूरतों के मद्देनज़र यह प्रस्ताव किया है, जिसका हर समझदार व्यक्ति स्वागत करेगा। बदलते समाज में विवाह पूर्व यौन संबंध बनाने की प्रवृत्ति बढ़ रही है। ऐसे सर्वे आने लगे हैं। दमित लिबिडो फ्री मारकेट सोसाइटी और ग्लोबलाइजेशन में इतना दमित नहीं रह सकता। इससे युवाओं का व्यवहार बदल रहा है। समाज बदल रहा है, तो बेहतर है कि इस बदलाव के लिए नई पीढ़ी को तैयार किया जाए। इससे उसकी समस्याएँ हल हो सकेंगी। यौन जागरूकता से उनमें यौन संबंध बनाने-न-बनाने का विवेक पैदा होगा। यह एक बड़ी शिक्षात्मक-सांस्कृतिक शिफ्ट है, जो आज के समय की एक जरूरी कार्रवाई है।

यह सबने माना कि खुशबू को अभिव्यक्ति का अधिकार है कि वह जो चाहे कहे, इसके आगे सबके पास एक 'लेकिन' रहा, यानी लेकिन बोले तो ऐसा जिससे किसी की भावनाओं को ठेस न पहुँचे! दमन के ख़िलाफ कुछ भी बोलोगे तो वह दमनकारी की अपनी भावनाओं की दुहाई ही देगा। अगर जरा सेक्स शिक्षा होती

और बच्चों की एक पीढ़ी इन तमाम सवालों को समझकर बनी होती, तो निश्चय ही खुशबू इतनी अकेली नहीं होती कि कोर्ट को उसके खिलाफ होने वाले प्रदर्शनों को बरजना न पड़ता। तमिल मर्दवादी समाज में यौनता को लेकर यह जो ऐंठी हुई नैतिकता नजर आती है, वह उत्तर भारत के मर्दवादी समाजों की तरह की ही है। यह यौनता को गोपनीय प्राइवेट लिमिटेड मानकर उसे अपने ढंग से व्याख्या देती है। यौनता को दमित करने का यह काम तब ज्यादा हुआ जब अँग्रेज़ी राज आया और उनके कैथोलिक शिक्षावेत्ताओं ने यहाँ के उच्च वर्ग से साँझा करके यहाँ भी मैथ्यू आर्नोल्डियन नैतिकता को संस्कृति के विमर्श का पर्याय बना डाला। यहाँ औरत का पढ़ना तो जरूरी है, लेकिन उसे लिमिट में रखने के लिए रामायण पढ़ाओ। सीता सावित्री बनाओ। यही हुआ। उससे पहले के समय में यौन शिक्षा एक खास ढंग से उपलब्ध रही। हिंदी में रीतिकालीन साहित्य-शिक्षा इस बात का स्वयं प्रमाण है, जिसे राष्ट्र निर्माण के अभियान में दबा दिया गया। पश्चिम से मुठभेड़ करने वाले मुठभेड़ के नाम पर अक्सर अपने किसी अँधेरे देसी कुएँ की तली में बैठने के महान सांस्कृतिक तर्क दिया करते हैं। जाहिर है कि मर्दवादी कुएँ में सबसे दयनीय हालत औरत की ही हो सकती है। उसकी यौनता की ही हो सकती है।

रीतिकाल की कविता बताती है कि उस काल में यौनता इस कदर दबी हुई नहीं थी, जितनी आज है। यौन शिक्षा राजाओं के पाठ्यक्रमों में लगी थी। वे कवियों से कवि शिक्षा प्राप्त करते थे। उसमें विस्तार से नायिका भेद बताया जाता था। शृंगार बताया जाता था, अन्य कलाएँ भी बताई जाती थीं। माँग पर औरत को ऐसी नायिका बनाकर पेश किया जाता है, जो राजा के विलास की वस्तु बने। इसी क्रिया की अंतर्विरोधी प्रकृति में कहीं-कहीं नायिका भी बोल पड़ती थी, कई जगह कवयित्रियाँ भी बोल पड़ती थीं और जो वे बोलती हैं, वह कई बार खुशबू के बोल से ज्यादा मारक होता था। उस युग में तो राजा लोग नायिका-लूट ही करते रहते थे। मध्य जातियों की कन्याएँ उनका शिकार हुआ करती थीं लेकिन यौनता का यह मर्दवादी स्वरूप औरत को जिस तरह से व्याख्या देता था, उसी के भीतर से औरतों ने अपनी वाणी पाई। यह बहुत क्रांतिकारी बात नहीं है, मगर जितनी है, उतनी जबर्दस्त है। अमृतलाल नागर का पुराने तमिल समाज की पृष्ठभूमि पर लिखे उपन्यास 'सुहाग के नूपुर' में कन्नगी नामक नायिका तो ऐतिहासिक है। तमिल वाले उसे ही देख लें, तो बोलती बंद हो जाए।

बहुत-सी बातें छोड़ें, जरा तमिल फिल्मों में बनते गानों में स्त्री देह की परिभाषा पर ही गौर करें? 'रोजा' में वयस्क नायिका के विवाह के संदर्भ में जो एक गीत फिल्माया गया है, उसकी गायिका श्रोता एक बच्ची ही है और एक बुढ़िया भी

है। इसमें पहली रात का उत्तेजक वर्णन है। तमिल पॉपुलर कल्चर में सेक्स कोई छिपा हुआ प्रसंग नहीं रहा लेकिन एक अभिनेत्री ने मर्दवादी यौनता के अंतरंग मनोरथों का भ्रम भंजन कर दिया और सेफ सेक्स की वकालत की, तो आफत आ गई। संस्कृति के सवाल धर्म से ज्यादा सेक्स से जुड़े सवाल हैं। ऐसे विवादों से वे केंद्र में आने लगे हैं। यह संयोग ही है कि एनसीईआरटी ने यौन शिक्षा की संभावनाओं को टटोलना आरंभ किया है। इससे ऐसे बहुत से दमनकारी प्रसंगों को विदाई दी जा सकेगी। खुशबू का बोलना एक चुनौती की तरह है, उसके पक्ष में नई सोच वालों को खड़ा होना चाहिए।

**हिंदुस्तान : 18 दिसंबर, 2005**

# छोटे-छोटे शहरों से

वे शायद मैनपुरी से आए थे। उनका चेहरा-मोहरा और लिबास कस्बाती था। वे चालीस-पैंतालीस साल के पेटे में रहे होंगे। उनके हाथ में एक झोला था। नमस्कार आदि के बाद वे बैठे। वे चाहते थे कि उनके महाकाव्यात्मक ग्रंथ को कोई प्रकाशक छापे। प्रकाशक बताया जाए। बातों के क्रम में उन्होंने अपने ग्रंथ की पांडुलिपि निकाली। यह एक बड़ा मोटा-सा रजिस्टर था, जिस पर कवर चढ़ा था। उसका कवर उसके पुरानेपन की कहानी कह रहा था। उन्होंने अपने काव्य-ग्रंथ का टाइटिल बताया : 'आँखें'! कहा कि इसमें पाँच सौ या एक हजार छंद हैं, जो 'आँखों' पर ही लिखे गए हैं। ऐसा काम हिंदी में कहीं नहीं हुआ है। बस एक बार यह छप जाए तो सब मान जाएँगे कि महान कविता क्या है? उन्होंने एक और पतली-सी किताब दिखाई, जो उन्होंने पहले अपने पैसे से छापी थी। उसमें भी उनकी कविताएँ थीं, जो उन बहुत-सी कविताओं की तरह थीं, जो कस्बाती पत्र-पत्रिकाओं में छपती रहती हैं, जिनमें मैथिलीशरण गुप्त, प्रसाद, निराला तीनों का मिक्स होता है। कहीं-कहीं दुःख की बदली की जगह कवि के दुःख का बादल बन बरसने को भी उद्यत दिखा करता है, कभी-कभी सामाजिक यथार्थ को धिक्कारते हुए सब कुछ को तोड़ने-फोड़ने की बात भी कही जाती है, आध्यात्मिक टच वाले प्रेमगीत भी होते हैं।

बात आगे चली, तो सोत्साह उन्होंने बताया कि उन्होंने पी-एच.डी. भी की है। उनका विषय उनके दादाजी (दादाजी का नाम भी बताया) '...का व्यक्तित्व और कृतित्व' है। जब यह लेखक दिल्ली के प्रकाशकों के गड़बड़ हिसाब-किताब, किताब के मार्किट और छल-प्रपंचों के बारे में बताकर हतोत्साहित करने लगा, तो पाया कि वे उसे रजिस्टर तक नहीं कर रहे थे! जब कहा कि आप यदि किसी प्रकाशक को हजारों देंगे, तो वह शायद छाप दे। तो पूछा, कितना देना होगा। एक रफ-सा एस्टीमेट लगाया, तो अचानक जाग्रत हुए। बोले कि इससे तो कम में हमारे अपने यहाँ छप जाएगा। बस ये था कि दिल्ली का प्रकाशक छाप देता; तो थोड़ा लाइब्रेरी में किताब चली जाती। प्रकाशक के छापने की बात जरा अलग है।

पूछा, तो बताने लगे कि वे स्व-वित्त पोषित कॉलेज में हिंदी के प्रवक्ता हैं।

तनख़्वाह चार हजार मिलती है। पास में गाँव है। साइकिल है। आते-जाते हैं। चल जाता है। एक झूठी-सच्ची ना-उम्मीद के साथ वे चले गए। जाते-जाते बोले कि उनके एक सहकर्मी ने तो तुलसी के मानस से भी ज्यादा बड़ा ग्रंथ लिखा है। बस सर, बात ये है कि हमें छपने का मौका नहीं मिलता। मेरा छपे, तो फिर उनका भी छपे। देखिए...

यह पश्चिमी उत्तर प्रदेश के ब्रजमंडल के एक हिंदीकर्मी की कथा है। उसका सपना उसके यथार्थ से बड़ा है। स्व-वित्त पोषित है। कॉलेज में वे बहुत कम पैसे में पढ़ाते हैं। लेकिन सपना साहित्य के इतिहास में जाने का है, जो उनकी नौकरी के कड़वे यथार्थ से बड़ा है। साहित्य उनके आत्म का एक विस्तार है। वे सिर्फ असंभव सी कीर्ति-मरीचिका की टिकट से सूर-तुलसी की लाइन में बैठना चाहते हैं।

हिंदी में गरीबी, फटेहाली, तंगी का इलाज कविता है। अभाव की मित्र कविता है। हिंदी समाज में जो इतनी बड़ी संख्या में कवि, कथाकार, उपन्यासकार मिलते हैं, वे दरअसल हिंदी समाजों में विकास के अभाव, उसके अधकचरेपन का परिणाम हैं। विकास के आवेग से बाहर किए गए, पिछाड़े गए कस्बाती अर्धदेहाती विराट जन समाज को न सार्थक श्रम मिला है और न उसका दाम।

दिल्ली के कथित बड़े हिंदी लेखक इनकी सच्ची ईर्ष्या और झूठी श्रद्धा के केंद्र होते हैं। वे अपने खाली समय और अभावों को इनके सतसंग और अपनी कीर्ति कामना से सँवारते हैं। हिंदी का बुद्धिजीवी इसी फँसी हुई प्रक्रिया में बनता है। यह हिंदी का निचला आधार है। बौद्धिक बनने को आतुर बड़ा जगत है।

यूपी, मध्यप्रदेश, बिहार, राजस्थान, हरियाणा, उत्तरांचल, छत्तीसगढ़, झारखंड और गैरहिंदी भाषी समाजों में हिंदी वालों का औसत आत्मबोध साहित्य से अपने को ताकतवर बनाने के अमोघ मंत्र से तय होता है। बिहार में पत्रिकाएँ-किताबें ज्यादा जाने का कारण यही है कि वहाँ के लोग साहित्य को खाली वक्त में सत्ता बनाने का माध्यम समझते हैं, जैसाकि वे पत्रकारिता को समझते हैं। हाथरस जैसे शहर के बारे में कहावत है : ईंट उठाओ तो दस कवि रेंगते मिलेंगे। बिहार में भी यही हाल होगा।

हिंदी के उच्च कोटि के चिंतन में इस कुछ ठहरे कुछ विकल सच की पहचान नहीं की जाती। बड़े लेखक कस्बों को उपनिवेशों की तरह देखते हैं। वहाँ चेले पाले जाते हैं। वे साल में एक बार संकेत होने पर 'कुछ' कर देते हैं। लोकल लाला लोगों से, थानेदार से नेटवर्किंग करते हैं और साहित्य होता रहता है। यह साहित्यिक क्रिया बालपन में ही रोगग्रस्त हो जाती है। श्रम-विवेक की जगह सैटिंग में पारंगत। उस्ताद। आप अगर फिर भी कहें कि कस्बों में, छोटे नगरों में असली साहित्य होता है, तो आपको उसे पहचानने के लिए नितांत नए मानक बनाने होंगे। उसे आदर्शीकृत करने की जगह उसके यथार्थ पिछड़ेपन को देखिए। वह एक बेकार कर दिए गए समाज

का एक क्षीण उद्यम भर होता है। इसीलिए दिल्ली साहित्य को 'बनाती' है। साहित्य में दिल्ली की ध्रुवता है। छोटे-छोटे शहरों से महानगरों की ओर पलायन बहुत तेज है। बंटी-बबली फिल्म का गीत इस भाव को अच्छे ढंग से कहता है : छोटे-छोटे शहरों से... झोला उठा के चले। ये झोला उठाकर दिल्ली-मुंबई की ओर चलने वाले लोग, हमारे ही वर्तमान हैं।

क्या इनके लिए आपके पास कोई एजेंडा है?

**हिंदुस्तान : 1 जनवरी, 2006**

# थकेले समय के चितेरे

पहले उसने बजाया! 'शायद जब मैं चार साल का था, पहली बार मुझे प्यार हुआ'। सामने कोई दो दर्जन छोकरा-छोकरी हल्की-सी प्यारी-सी चीत्कार के बाद अपने पैरों की बीट बदलकर थिरकने लगे। यह कोई आधा मिनट चला।

फिर उसने 'कजरारे कारे नैना' बजाया। गजब। वे ही जींस, टॉप्स, टी शर्ट वाले छोकरा-छोकरी उस कई सौ 'वाट' के 'डेक' की नचा-झुमा देने वाली 'साउंड' में 'कजरारे' वाले स्टेप्स लेने लगे। वे नकल नहीं कर रहे थे। वे गाने की जगह खुद को गाना बना रहे थे। नाच बना रहे थे।

जहाँ यह लेखक बैठा था, उसके ठीक पीछे एक साधारण-सा दिखने वाला डीजे यानी गाना बजाने वाला 'जोकी' खड़ा था। उसके पास डेक था। ढेर सारे कैसेट्स थे। सब सुव्यवस्थित थे। उसके बगल में एक जूनियर चेला खड़ा था। गाना चल रहा था कि एक लड़की 'जोकी' के पास आई। कान में जोर से कहा क्योंकि शोर था। सुनाई पड़ा कि उसने 'टेक मी हाई' की फरमाइश की। जोकी ने थोड़ी देर में 'टेक मी टेक मी टेक मी टेक मी हाई' वाला सुपर फास्ट ट्रेक का सांग लगा दिया। वह लड़की जमकर नाचने लगी। और सब भी नाचने लगे।

तब उसने 'नए दिन को आओ करैं-करैं-करैं सलामी सलामी सलामी' लगाया। फिर एक पंजाबी भांगड़ा रैप लगाया। 'नच बलिए चूड़ियाँ चढ़ा दूँ...' और छोकरा-छोकरी लोगों ने पैंतरा बदला। स्टेप बदले नाचने लगे। तब एक गृहस्थिन-सी दिखने वाली औरत आई। उसने जोकी से जोर से कहा : ओए बिंदास लगा। बिंदास! उसने थोड़ी ही देर में अनुरोध पूरा किया। वह औरत यों तो अपनी दो लड़कियों के साथ थोड़ा-थोड़ा नाच रही थी। लेकिन जब 'बिंदास' लगा तो वह चीख पड़ी। और तीस सैकिंड तक बेतहाशा नाची। उसकी लड़कियाँ नाचीं।

हर बार गाना बदलता। हर बार स्टेप्स बदलते। नाचने वाले हाँफते पसीने-पसीने होते बदलते रहते। अभी जो बच्चे नाच कर थके वे खड़े हो गए, तो दूसरे बच्चे आ गए। छोटे-छोटे बच्चे आ गए। कई बच्चियाँ मॉडलों वाली डिजाइनर ड्रैसों में कभी रानी मुखर्जी, कभी ऐश्वर्या की, कभी मलईका अरोड़ा की नकल कर नाचने

लगीं। उनके माता-पिता उन्हें निहारते। मुग्ध होते। जिस तरह यशोदा माता कभी अपने कन्हैया को 'घुटरुन चलत रेणु तन मंडित मुख दधि लेप किए' देख सिहाती होंगी, ये माता-पिता भी 'सिहाते' दिखे। 'जो हम न कर सके ये कर रहे हैं।' का तोष झलक रहा था।

कस्बे-कस्बे, नगर-नगर यहाँ तक कि गाँवों में अब डीजे-वीजे आइटम होने लगे हैं। कॉलेज फंक्शन हों, जन्मदिन हों या शादी-ब्याह 'डीजे' तो 'मस्ट' है। तरह-तरह का नया युवा जनक्षेत्र है। तरह-तरह से 'डीजे' उनकी माँग पूरी करते हैं। पाँच हजार से पचास हजार तक कोई भी रेट हो सकता है। यह भारत का नया युवा नागरिक क्षेत्र है, जनक्षेत्र है। यह पाँच से पच्चीस साल के युवाओं का बड़ा गतिशील यथार्थ है। इसे नाचने की फुर्सत है। इसे 'रिद्म' और 'बीट' मालूम है। इसमें हर बच्चे की रुचि अलग है। हरेक का 'हिट' सौंग अलग है। वे एक-दूसरे को जाने बिना कहीं भी कभी भी नाचते हैं। लड़के-लड़की सब नाचते हैं। माता-पिता देखते हैं।

यह उन्मुक्त 'देह' विमर्श है। हिंदी में 'देह' लिखते ही पंडितों में सुरसुरी व्यापने लगती है। वे 'देह' का मतलब 'स्त्री-देह', स्त्री-देह में स्त्री के उरोज-नितंब और फिर वह सब समझते हैं, जिसे वे 'पश्चिमी कल्चर' कहकर धिक्कारने का फैशन चला चुके हैं जबकि इस युवा संसार में 'देह' का माने इतना भर नहीं है। मिशेल फूको ने एक जगह लिखा है कि, 'दमन की इबारत है देह'! देह का अनुशासन ही तो अनुशासन का लक्ष्य है। हमारे बाल बच्चों की देह, स्वयं हमारी देह, हाथ-पैर से लेकर दिमाग तक पुराने ढंग से पुराने जमाने से 'कार्यक्रमित' किए जा चुके होते हैं। और हर देह इस 'प्रोग्रेमिंग' से अपने विकास में झगड़ा करती है। खेल और नाच इस झगड़े, और मुक्ति की इस छटपटाहट के चिह्न होते हैं। वे फिर-फिर अनुशासन में आते हैं। अनुशासन फिर-फिर भंग होता है। यह इन दिनों सर्वत्र हो रहा है। अतीत में भी होता रहा होगा। कोई पता करे तो मालूम पड़ेगा।

हिंदी का साहित्यकार इस पाँच से पच्चीस साला विराट आधी आबादी के यथार्थ को नहीं लिखता। वह एक थकेले, बूढ़े और व्यर्थ जगत को रिपीट करता है। साहित्य में 'हैप्पिनिंग' नहीं है। हैप्पिनिंग फिल्मों में, गानों में है। नाच में है उनमें सारा भारत नाचता है। नाचता भारत सुंदर लगता है। नए जगत को समझने की एक बात, बीमारी के बाद अपने एक सुदीर्घ साक्षात्कार में अमिताभ बच्चन ने कही कि नए हीरो 'एंग्री यंग मैन' नहीं होंगे, लोग पूछेंगे क्यों लड़ रहे हो भैया? क्यों नाराज हो? जाओ, छोड़ो अपना गुस्सा, जाओ किसी बीपीओ में काम करो। अच्छा-खासा पैसा कमाओ। घर जाओ क्यों लड़ रहे हो?

**हिंदुस्तान : 15 जनवरी, 2006**

# वर्दी वाला गुंडा

'अब तक छप्पन' ब्रांड एन्काउंटर एक्सपर्ट दया नायक का 'सिविल एन्काउंटर' सा हो गया है। उनके घर आमदनी से कहीं ज्यादा चालीस-इकतालीस लाख की नकदी, गहने आदि बरामद किए गए हैं। उनकी नौकरी गई समझिए। दया नायक की कहानी ने इस लेखक को हिंदी के एक महत्त्वपूर्ण जासूसी कथाकार वेदप्रकाश शर्मा के 'वर्दी वाला गुंडा' नामक उपन्यास की याद दिलाई जो सन् बयानवे में बीस रुपए में खरीदा था। संयोग है कि वर्दी वाला गुंडा का नायक तेजस्वी भी एन्काउंटर एक्सपर्ट है और उपन्यास तो कितनी हत्याओं को बताता है। जब उसकी ताकत बढ़ी, नाम बढ़ा, तो उसके बड़े अफसरों ने उसी पर सिविल एन्काउंटर किया, उसके घर से पचास लाख नकदी के बरामद करवाए। दया नायक के यहाँ इकतालीस मिले। वहाँ पचास लाख मिले। आमदनी से ज्यादा जमा का मामला दया नायक पर बना। तेजस्वी पर वैसा कुछ नहीं बना, क्योंकि वर्दी वाला गुंडा एकदम एक्शन वाला उपन्यास है। जिंदगी जरा ज्यादा कानूनी, पेंचदार और उलझी हुई है।

अब जरा लेखक वेदप्रकाश शर्मा जी के बारे में कह दें जिनका एक लंबा साक्षात्कार अभी एक मासिक में पढ़ा। उनके उपन्यास अब आते होंगे तो दिल्ली में उस तरह दिखाई नहीं देते, जिस तरह से वर्दी वाला गुंडा दिखा था। आसानी से उपलब्ध हो गया था। हिंदी वाले प्रेमचंद से लेकर नए-से-नए लेखक की कृतियों के बारे में गंभीर-सी चर्चाएँ किया करते हैं। ऐसा करना कठिन है। लेकिन क्या कोई बता सकता है कि वेदप्रकाश शर्मा ने कुल कितने उपन्यास लिखे? बयानबे तक का आँकड़ा कहता है कि उन्होंने तब तक सवा सौ उपन्यास लिख डाले थे। मेरठ से शायद वे स्वयं ही छापा करते थे। ये लुगदी वाले मोटे कागज पर होते थे। छपाई लेटर प्रेस वाली रहती थी और खासे मोटे हुआ करते थे। मसलन वर्दी वाला गुंडा तीन सौ छियासठ पेज का है। पॉकेट साइज पेपरबैक होते थे।

कस्बों में अभी ऐसी किराए पर किताब पढ़ने को देने वाली दुकानें दिख जाती हैं जिनमें ऐसे पॉपुलर उपन्यास मिला करते हैं अब और बहुत से नए लेखक आ गए है। कलर टीवी के आने से एक बार को लगा था कि ये उपन्यास तो अब

गए। उसी दौरान अपराध तथा माफिया फिल्मों ने भी ऐसा ही जताया। लेकिन वे अब भी पढ़े जाते हैं। नई दिल्ली स्टेशन पर आपको वे ज्यादा देखने को नहीं मिलेंगे। वहाँ अँग्रेज़ी के नए लेखक मिलेंगे लेकिन ये वहाँ मिलेंगे जहाँ स्टेशन छोटा है। वर्दी वाला गुंडा के कवर की कहानी गज़ब है। लिखा है कि 'जो टाइटिल बनवाया था, उस पर कुछ प्रभावशाली लोगों को आपत्ति थी, हमने विरोध स्वरूप टाइटिल पर कालिख पोत दी है' काले बैकग्राउंड में गोल्डन छाया में सुर्ख लाल रंग के बड़े अक्षरों में लिखा है 'वर्दी वाला गुंडा'। इस उपन्यास को स्वर्गीय राजीव गाँधी को समर्पित किया गया है। समर्पण के ऊपर लिखा है : 'आँसुओं के लहू से लिखा गया मेरा यह उपन्यास...' नब्बे में लिट्टे वालों ने राजीव गाँधी को मानव बम से उड़ा डाला था। यह शायद अपने किस्म का पहला उपन्यास हो जो राजीव गाँधी को इस तरह समर्पित हो। यों एक पात्र चिंरजीव भी है जिसकी जान खतरे में है।

इन दिनों वर्दी वाला गुंडा एक अखिल भारतीय यथार्थ है। उपन्यास के आखिर में ऐसा लगता है कि तेजस्वी को भी उसका मातहत मानव बम बनकर लगभग उड़ा ही देता है। प्रसंग बड़ा ड्रामेटिक है। पांडुराम तेजस्वी का अदना-सा सहायक रहा है। तेजस्वी नेता वाली वर्दी का गुंडा बन गया है। उसके दिन अब गिने-चुने हैं। इसके लिए पांडुराम को मानव बम बनाया जाता है। पांडुराम को तेजस्वी की राजनीतिक वर्दी से ज्यादा ख़तरा लगता है वह गुस्से में है। लेकिन मजाक करता हुआ तेजस्वी के चरणों में झुकता है कि तेजस्वी को खटका होता है इतने में बम फट जाता है। तेजस्वी साबुत बचता है कि नहीं यह साफ नहीं है।

उपन्यास की भूमिका में लेखक ने कहा कि इससे पुलिस का असली चेहरा सामने आएगा कि वह कितनी जल्लाद हो सकती है गैर-जिम्मेदार हो सकती है अगर यह उपन्यास बैन हुआ तो वे खुद एक्सपोज होंगे जिन्होंने बैन कराया। बहरहाल उपन्यास बैन नहीं हुआ था। पुलिस अब और भी विकसित हुई है। दया नायक से पहले तेजस्वी की कहानी अब भी इल्मी और उतनी ही फिल्मी है। हमें याद नहीं पड़ता कि हिंदी के किस महान साहित्यकार ने ऐसी कहानी कभी लिखी जो इस कदर सामाजिक हिंसा और क्रिमिनलिटी के यथार्थ को दिखाती हो। अब आकर बबलू श्रीवास्तव ने किडनेपिंग पर एक उपन्यासनुमा राम कहानी लिखी है जिसे एक बहुराष्ट्रीय प्रकाशक ने छापा है। हिंदी में एक कैदी सुधीर हैं जो खूब पढ़ते हैं साहित्यिक पत्रिकाओं में पत्रादि लिखकर अपने बारे में सब कुछ बताकर जेल में मानव अधिकारों की बात करते हैं जिन्हें पुलिस अफसर विभूति नारायण राय की मदद से जेल में पठनीय साहित्यिक सामग्री मिली है। दया नायक की कहानी तो अब राजनीतिक खेल बन गई? क्या कोई उपन्यासकार खोजबीन करके उसकी जिंदगी पर 'अब तक छप्पन' से बेहतर लिखेगा?

**हिंदुस्तान : 9 जनवरी, 2006**

# अरुण यह मधुमय देश हमारा

प्रसाद जी का यह गीत करुण अरुण तुझ पर ही लिखा गया था। गीत तेरी शादी की अगवानी में हमारे एक महाकवि ने पहले ही लिख दिया था। तेरी एंट्री काफी देर से हुई है, लेकिन गीत अब भी तेरे महासीन पर फिट है। जरा देख :

अरुण यह वेडिंग देश हमारा।
जहाँ पहुँच अनजान बिजनिसिए को
मिलता एक सहारा।
डॉलर की थैलियाँ सँभाले,
ब्रिटिश जहाजी पंख पसारे।
उड़ते ठग जिस ओर किए मुँह,
समझ नीड़ निज प्यारा।
अरुण यह भुखमर देश हमारा
तेरी जूठी पत्तल दोने, सपने न कभी अपने होने
तेरे हाथी, तेरे घोड़े, तेरे पचास करोड़ा कोड़े
लगते बड़े सलोने प्यारे, तू है राजदुलारा
चार महीने जरा ठहर जा
चार महीने बाद हमारी
लिज्जी जिज्जी लात लगाए
चार महीने में तलाक के पेपर आएँ
तब तू और रचना शादी
अगला गीत उसी पर होगा
चार दिनों की धवल चाँदनी,
बाकी सत्यं लातं घूसं
तुम हो सूसं हम सब मूसं
हँस-हँस करें गुजारा

अरुण यह संस्कृत देश हमारा।
जहाँ कभी राजों की मूँछें
हारे हुए गर्व की गाथा
बनीं तनी हैं, वहीं कहीं पर
बहुत औरतें उठवाकर, हरवाकर, बिकवाकर
लाई जाती थीं हरमों में,
ऐसे ही उन हरम क्षणों में कितनी ही अनजान
रानियाँ, कितनी ही अनजान
लड़कियों की देहों के दफ़न-कफ़न हैं
यहीं कहीं इन जोधपुरी जूतों के नीचे
बहुत आदमी कुचल गए हैं
यहीं कहीं पानी की खातिर
कुछ किसान कल मचल गए हैं
मगर तुझे मालूम न होगा
अरुण हमारा करुण कलेजा
तुझे यहाँ शादी अपनी सी करने देगा
रंग रंगीलो राजस्थानी अपने छोनों को टिटकारी दे
नचा-नचाकर मरवा देगा
मगर कभी तेरे आगे वह उफ़ न करेगा
अगर करेगा, तू न सुनेगा
क्योंकि अरुण यह मधुमय देश हमारा।
तेरा जूता भी प्यारा है, अरुण, तुम्हारे डॉलर हमको भी प्यारे हैं
भारत माता प्रसवप्रिया है, पिछली ग्लोबल लटक-झटक में
ऐसे शतशत पुत्र जने हैं जो दुनिया के धनकुबेर हैं
अगली शादी जब तुम करना, इस बूढ़ी या उस बूढ़ी से
इस रजधनी के बड़े भवन को खाली करवा और रंगवाकर
तेरी बरात को सजवाकर, उसमें ठहराकर दम लेंगे।
महल अटारी जब तब बोतल के सपने में
आ जाते हैं
मन उनमें राजारानी बन रहने का
करने लगता है।
वेडिंग का टूरिज्म तुरत बनने लगता है।
यही नया उद्योग बचा है इसे करो तुम
बहुत माल है बहुत महल बाकी हैं यहाँ पर

बहुत मूँछ बहुत-सी पगड़ियाँ
हाथी बहुत, बहुत से घोड़े और घोड़ियाँ
ऊँट पालकी डोल डोलियाँ
एक शान सामंतीयुग की माँग बहुत है
नया बुर्जुआ तड़प रहा है।
इस डॉलर को कहाँ किल करे?
बहुत बड़ी सिद्धांत समस्या आन पड़ी है
वैभव की बदबू बढ़िया है
अरुण बिरादर
अगली शादी कब तै होगी
रहे याद हे अरुण बिरादर
अपना मधुमय देश तुम्हें यह कहकर
अपनी लिज्जी भाभी को मुखदिखाई भेज रहे हैं
किसी ट्रांसलेटर से इसे उखड़वा लेना
अगली शादी का न्योता है प्यारे भाई
याद रहे हे अरुण करुण यह मधुमय देश हमारा
प्यारा, विजयी विश्व डॉलर प्यारा!

**हिंदुस्तान : 11 मार्च, 2007**

# उत्तर ओबीसी साहित्य

सवाल तो बुनियादी किस्म का है, सो इस मौसम से पूछा ही जाना चाहिए। 'मंडल टू' के दौर में हिंदी साहित्य में ओबीसी तत्त्व के बारे में जिज्ञासा होनी चाहिए। नहीं तो चिंता की बात है। कम-से-कम 'मंडल टू' के पक्षधर इस लेखक को अपने आप से तो पूछना ही चाहिए कि हिंदी के समकालीन साहित्य में ओबीसी तत्त्व की मीमांसा क्यों नहीं हो रही? यह वहाँ भी क्यों नहीं हो रही, जहाँ मंडल के कथित पक्षधर साहित्य का उत्पादन, संपादन, संचालन और उच्चाटन आदि नित्य प्रति करते ही रहते हैं।

प्रायः देखा गया है कि इतिहास जब करवट लेता है, तो साहित्य, संस्कृति सब करवटें लेते हैं, लेकिन यह करवटवादी खेल जरा सुस्त किस्म का हुआ करता है। साहित्य में सब कुछ धीरे-धीरे बदलता है। या कहें मूल रूप से यहाँ कभी कुछ नहीं बदलता। हिंदी साहित्य इसका जीता-जागता प्रमाण है।

जरा सोंचे कि अनुसूचित जाति और जन-जातियों के लिए आरक्षण जमाने से चला आ रहा है, मगर हिंदी में दलित-विमर्श पिछले दस-पंद्रह साल में ही ज्यादा नज़र आता है। आते ही उसने एक एक्सक्लूसिव किस्म का सवाल सबके सामने रख दिया है कि दलित के जीवन का विश्वसनीय चित्रण दलित ही कर सकता है, ग़ैर-दलित करता है तो या तो दलितों में अपनी कांस्टीटूवेंसी बनाने के लिए करता है या वर्चस्व बनाए रखने के लिए करता है। धर्मवीर ने तो कबीर को सवर्णों से छीन ही लिया और प्रेमचंद को अपने अंगने से संकेरकर बाहर करके पूछा मेरे अंगने में तुम्हारा क्या काम है? दलित अस्मिता का संघर्ष अपने नए दौर में साहित्य की परंपरागत रचना प्रक्रिया के लिए चुनौतीपूर्ण हो उठा है। सब जानते हैं कि वह आगे और बढ़ेगा।

समकालीन कविता कहानी आदि में भी ऐसे सवाल उठने चाहिए। 'पार्टनर तुम्हारी राजनीति क्या है' जैसे घिसे-पिटे सवाल की जगह अब पूछा जाना चाहिए कि पार्टनर तुम्हारी जाति क्या है? आप इस सवाल से कतरा नहीं सकते। साहित्य में वर्ग का सवाल पूछा जाता रहा है, गरीब-अमीर वर्ग की पहचान की जाती रही

है। प्रगतिशील समीक्षा यही करती रही है। मुक्तिबोध तो ऐसे कवि थे, जो अमीर के मुकाबले निम्न मध्यवर्गीय रचनाकार को प्रगतिशील मूल्यों का वस्तुगत पक्षधर मानते थे। भले ही वह अपने वर्ग हितों के विपरीत हरक़त करता हो।

साहित्य, जाति, धर्म आदि को लाँघने का, संकीर्ण दायरों से परे जाने का माध्यम माना जाता रहा है। लेकिन इस मानवतावाद को दलितों ने सफल चुनौती दी है, उधर स्त्री-विमर्श ने दी है। इस क्रम में अब ओबीसी वर्णा को देनी चाहिए। यह एक दिलचस्प विमर्श होगा। जिस तरह ब्राह्मण ब्राह्मण के लिए, क्षत्रिय क्षत्रिय के लिए, वणिक वणिकों के लिए पक्षधर माना जाता है, जिस तरह दलित दलित वर्ग का पक्षधर माना जाता है, उसी तरह ओबीसी वर्ग को ओबीसी का पक्षधर माना जाना चाहिए। हिंदी आलोचना की एक संकीर्णता यह रही है कि वह मानवता मानवता बहुत करती रही है। मानवता के नाम पर अपनी जाति की रक्षा की जाती रही है। आने वाले दिनों में दलित गोष्ठी दलितों की होनी चाहिए। ओबीसी ओबीसी वालों के लिए और सवर्णों की, उनके लिए। श्रोता भी इसी तरह आया-जाया करेंगे। साहित्य का नया वर्णीकरण अच्छा रहेगा। एक तो यह किसी भी तरह के पाखंड से, धोखाधड़ी से मुक्त होगा। फिर साहित्य में कुल, गोत्र, कुनबे आदि तक बात आएगी। पहचान के सवाल जब सक्रिय होंगे, तो ऐसा होगा और होकर रहेगा।

साहित्य अमर है, स्थायी है, सबके लिए है यह बकवास बंद हो जानी है। साहित्य उसका, जो उसे लिखता है। साहित्य उसका ठीक उस तरह नहीं है जो उसे पढ़ता है। जब लेखक का पाठ पढ़ने वाले से भिन्न है, तो एक ही कृति अनेक पाठ वाली हो गई। यदि दो बन गए, तो दस क्यों नहीं बन सकते?

राष्ट्रवादी साहित्यकार इससे परेशान हो सकते हैं। वे यह सोच सकते हैं कि तब साहित्य क्या सिर्फ अपनी-अपनी जाति के लिए लिखा जाएगा? अगर ऐसा हुआ तो राष्ट्र का क्या होगा? क्या जातिवाद साहित्य की आत्मा को खत्म नहीं कर देगा?

कर तो देगा? मगर किस साहित्य की आत्मा की बात करते हैं भई? अस्मिता या पहचान के सवाल आत्यंतिक ही होते हैं अनन्य किस्म के होते हैं। जो पहचान अब तक मूक-बधिर रही, वे जब बोलेंगी तो बहुत कुछ नया होगा। हो सकता है कि बहुत बाद में मामला सेटिल हो बार-बार लगे कि साहित्य तो गया!

यह सवर्ण लेखक कुछ ज्यादा बोल बक गया है। प्रगतिशील दिखने के चक्कर में जनवादी दिखने के चक्कर में कुछ का कुछ बक गया है। भूल गया कि जिधर समझदार लोग देखने से भी कतराते हैं उस तरफ यह सरपट दौड़ लगाने की ऐतिहासिक भूल कर रहा है।

**हिंदुस्तान : 2 जुलाई, 2006**

# भड़कती भावनाओं का सौंदर्यशास्त्र

बड़े कायदे से एम. एफ. हुसैन के 'भारतमाता' चित्र को ठिकाने लगाने की तैयारी है। सेकुलर सरकार एक सेकुलर कलाकार के संग यही कर सकती है। घर की मुर्गी। जब चाहो हलाल कर लो। क्या करेगी मुर्गी? कहाँ जाएगी? जानते नहीं भावना की बात है। कला की हिफ़ाजत से बड़ी भावना की हिफ़ाजत है।

इस बार सरकार ने जाँच कराके पाया कि सचमुच ये आपत्तिजनक हैं, यानी कि भावना जो भड़की वे इस चित्र ने भड़काई। एम. एफ. हुसैन कमाल के कलाकार हैं! एकदम सीधा असर करते हैं। उनकी कला को समझने वाले कलावंतों से ज्यादा सामान्य लोग भावनाएँ भड़का पाते हैं। वे कला के आघात को समझते हैं। सरकार समझती है। सरकार जनता से जुड़ी है न! भड़कती भावना का सौंदर्य देखिए कि इस बार कला की आजादी का अभियान नहीं चला। सेकुलर लोग ज्यादा नहीं बोले। क्या बोलते अपनी सेकुलर सरकार ठहरी। इसकी आलोचना करना अपने पैर पर कुल्हाड़ी मारना है। भाजपा की सरकार होती, तो देखते हमारा विरोध! वह फ़ासिज़्म होता।

ये क्या है भई? सेमी-फ़ासिज़्म? अर्ध फ़ासिज़्म? कानूनी फ़ासिज़्म? या कि भड़की भावना का सौंदर्यशास्त्र? उसकी सकल महिमा! इसलिए 'यहाँ पे सब शांति-शांति है।'

अद्‌भुत नज़ारा है। अद्‌भुत चुप्पी है। क्या करें? इन दिनों कानूनी आड़ में वो सब करने की कोशिश हो रही है, जो कि भाजपा काल में मोदी स्टाइल में होती।

'दा विंची कोड' के संग 'भारतमाता' वाला खेल होते रह गया। सिनेमा वितरण उद्योग का दबाव हो, विश्व-विख्यात कंपनी सोनी का पउआ हो या कि कैथोलिक्स का भावनाओं पर थोड़ा कंट्रोल हो या कि फिल्म का भाग्य हो। प्रतिबंधित होने से बच गई। यह अच्छा हुआ। काश ऐसा सेटेनिक वर्सेज के साथ हुआ होता। काश ऐसा तसलीमा नसरीन की लज्जा के साथ भी हुआ होता।

कलिजुग में भावनाएँ ज्यादा भड़कती हैं। बात-बात पर भड़क जाती हैं। आदमी की जगह वे ही भड़कने लगती हैं। अपने यहाँ आदमी नहीं, भावनाएँ रहती हैं। एक अरब से ज्यादा!

मध्यकाल या उससे पहले जब लोग अधिक धार्मिक वातावरण में रहते होंगे, तब भावनाएँ भड़कने के इतने केस कहीं रिपोर्ट नहीं हुए। किसी कविता में भावना भड़कने का सीधा उदाहरण नहीं मिलता। इस कलिजुग में आए दिन भावनाएँ भड़कायमान रहती हैं, बल्कि वे भड़की ही रहती हैं। समाज के पेट में रोटी न हो, तन पर कपड़ा न हो, मगर भावनाएँ भड़क जाती हैं। हर भावना धार्मिक होती है और उसका भड़कना आस्था पर चोट कहलाता है। पुलिस की लाठी-गोली से कोई मरे तो चोट नहीं लगती। एफडीआई इनवेस्टर माल मलाई बनाकर बाजार लुढ़काकर कूट लें, तो भी भावनाएँ नहीं भड़कतीं। सड़कों के बीचोंबीच मंदिर हो, रोजाना ट्रैफिक जाम लगाते हों, तो भी नहीं भड़कतीं, लेकिन अगर कोई कलाकृति, कोई किताब, कोई शब्द जरा सा अंधता के विरोध में चले जाएँ, तो भावनाएँ भड़क जाती हैं।

भारत में भावना असल चीज है। अपने यहाँ ये सभी धर्मों में समान रूप से भड़की मिलती है। इनके भड़कते ही सत्ताएँ तड़क जाती हैं और कलाकार रचनाकार और मीडिया लपेटे में आ जाते हैं।

भावना तो भावना ठहरी। भड़कने के लिए तैयार ठहरी। कहीं भी कभी भड़क जाती ठहरी! सारी फ्रीडम, सारा सेकुलरिज़्म चुप देखता रह जाता है। वह सेकुलर सत्ता हो तो प्यार से शिकायत करता है, परायी हो तो जोर से करता है।

सत्यजित रे की 'पाथेर पाँचाली' पर अभिनेत्री नरगिस दत्त ने फरमा दिया था कि यह भारत की गलत छवि बनाती है। गरीबी दिखाती है।

उनकी भावना का मामला था। 'मदर इंडिया' में भारत माता की गरीबी उन्हें याद नहीं रही! भावना की बात। हिंदी के एक कवि की पंक्तियाँ हैं : 'भारत माता ग्रामवासिनी, तीस कोटि संतान नग्न तन...' बताइए ये कवि भारत माता के बच्चों को नंगा बता रहा है? ये भारत माता की एकदम गलत तस्वीर है। लीजिए भावनाएँ भड़कने की बात आ गई। 'द ग्रेट इंडियन लाफ्टर शो' में एक कलाकार ने भावना के महत्त्व को यों बताया : पतला-दुबला एक युवा सेना में भर्ती होने गया, तो भर्ती दफ्तर वालों ने पूछा कि तुम तो सींकिया पहलवान हो, तुम भर्ती के काबिल नहीं। वो पतलुद्दीन बोला कि तो क्या हुआ मेरी भावनाओं को समझो!

इसी तरह वह इराक़ में अमेरिकी फौजों से लड़ने चला गया, तो तोप का गोला उससे उठा नहीं। वह उसी की सीमा में गिरकर फट गया। लोग मर गए। जाँच में पूछा गया कि ये क्या किया? बोला जो हुआ उसे क्यों देखते हो? मेरी भावना को देखो। समझो।

तो भैया भावना युग में जब समाज चल रहे हों और बुद्धि को आराम दे रहे हों, तो चुप लगाना चाहिए। ज्यादा चूँ-चपड़ की, तो किसी की भावना भड़क जाएगी। तुम्हारी डेढ़ पसली तड़क जाएगी!

**हिंदुस्तान : 21 मई, 2006**

# साहित्यगीरी बतर्ज़ मुन्नाभाई

साहित्यकार सावधान! कवि कथाकार आलोचक सावधान! 'लगे रहो मुन्नाभाई' फिल्म का हिंदी साहित्य पर गहरा प्रभाव पड़ चुका है! साहित्य में गाँधीवाद, मार्क्सवाद, लेनिनवाद, समाजवाद, पूँजीवाद, सर्वहारावाद के दिन गए। अब कहना हो तो कहें साहित्य में गाँधीगीरी, मार्क्सगीरी, समाजगीरी, पूँजीगीरी हो रही है। 'लगे रहो मुन्नाभाई' ने हिंदी को 'हिंदीगीरी' सिद्ध कर डाला है। हम सब 'हिंदीगीरी' करने वाले हैं।

मुन्नाभाई की भाषा में कहें तो आज का साहित्य साहित्यगीरी है, कवितागीरी है, उपन्यासगीरी है, समीक्षागीरी है, रिव्यूगीरी है, गोष्ठीगीरी है, सेमिनारगीरी है, लोकार्पणगीरी है, सम्मेलनगीरी है। प्रगतिशील लेखक संघ प्रगतिगीरी करता है। जनवादी जनगीरी करता है। हिंदी में दादागीरी, चमचागीरी, लोचागीरी ईश्वरप्रदत्त परंपराप्रसूत है। कह सकते हैं कि मुन्नाभाई खुद हिंदी की दादागीरी-चमचागीरी-लोचागीरी से कहीं-न-कहीं प्रभावित लगता है। इसीलिए गाँधीगीरी के चक्कर में फँस जाता है।

मुन्नाभाई की भाषा में कहें तो साहित्य 'आइडिया का लोचा' है वो क्या कहते हैं कि सोचने-विचारने वालों का लफड़ा है। आइडिया बड़ा लोचा बनाता है। दिमाग के एकाउंट का गेम बजा डालता है। प्योर हिंदी कोई नहीं समझता। हिंदी हो तो मुन्नाभाई सरीखी। जब तक हिंदी हिंदीगीरी नहीं बनेगी। वह किताबी 'प्योर' यानी बेकार बनी रहेगी। यह लाइन मुन्नाभाई की है। अंत में तो गाँधी भी उसके पावर में आ जाते हैं और मुन्नाभाई की भाषा ही बोलने लगतें हैं। यह हिंदी पर मुन्नाभाई इफैक्ट है। झटका है। हिंदी वाले यों तो फिल्मी अपसंस्कृति से दूर अपना बंगला बनाया करते हैं जिसमें आर्टी फार्टी फिल्मों की पवित्र चर्चाएँ रहा करती हैं। उनकी संस्कृतिक ग्रेटनैस पॉपुलर कल्चर से खतरा खाती है। इसीलिए हमारे साहित्यगीरी के करने वाले बंदे थोड़े पिछड़े लगा करते हैं उनका पिछड़ापन दूर हो। वे भी मेनस्ट्रीम में शामिल हों। इस खातिर हम तो उनको हेल्पलाइन देकर कहेंगे कि अगर फ्यूचर में साहित्यगीरी करनी है तो 'लगे रहो मुन्नाभाई' देख आओ। देख लोगे तो सारी प्योर हिंदीगीरी भूल जाओगे और मानोगे कि एक हिंदी फिल्म ने आपके बावजूद आपको कितने नए एकदम धाँसू किस्म के शब्द दे दिए और बता दिया कि भाषा

जब पॉपुलर खेल में उतरती है, इस खेल के असल खिलाड़ी मुन्ना भाई सर्किट छाप टपोरियों से मिलती है तो वह कितनी मनोहर, कितनी चालू, कितनी चपल, कितनी धारदार बन उठती है। एक प्रसंग में गाँधी के बारे में जनरल नोलेज बघारता सर्किट कहता है कि उसने अँग्रेज़ों की 'वाट' लगा दी। भाई तीन-तीन गोलियाँ खा के मरा..., लेकिन कहानी के अंत में जब मुन्नाभाई गाँधीगीरी का एक आइटम यानी अपने किस्म के 'सत्य के प्रयोग' करता है तो गाँधी कहते हैं कि लोग मेरे शरीर को गोली मार सकते हैं लेकिन मेरे विचार किसी-न-किसी के दिमाग में 'केमीकल लोचा' करते रहेंगे। ये हैं मुन्नाभाई के एकदम नए 'बिंदास' गाँधी! यह फिल्म 'गाँधीवाद' जैसे भारी भरकम शब्द को गाँधीगीरी से रिप्लेस करती है। यह फिल्म का ऐतिहासिक अवदान है कि वह गाँधी को 'वाद' के उसके बोझ से मुक्त कर उसकी जगह पॉपुलर किस्म का 'गाँधीगीरी' शब्द चला देती है। 'गीरी' एक मजेदार प्रत्यय है। गाँधी से चिपककर 'सेमिनारी गाँधीवाद' का ही गेम बजा डालता है। उर्दू हिंदी शब्दकोश में मुहम्मद मुस्तफा खाँ 'मद्दाह' ने 'गीर' को प्रत्यय मानकर उसका अर्थ 'पकड़ने वाला' बताया है : जैसे 'माहीगीर' यानी मछली पकड़ने वाला। 'गीर' ही गीरी कर सकता है। पकड़नेवाला ही पकड़ कर सकता है। 'गाँधीगीरी' का मतलब 'गाँधी की पकड़'। नतीजा यह कि मुन्नाभाई ने इधर गाँधी को पकड़ा। उधर गाँधी ने मुन्नाभाई को। मुन्नाभाई ही नहीं, गाँधी भी गाँधीगीरी करते हैं यहाँ। जो गाँधी को जिंदगी में उतार ले वही पकड़ करने वाला हो सकता है। मुन्नाभाई ने गाँधी का सिर्फ एक फार्मूला जिंदगी में उतारा। सिर्फ सच बोलना शुरू किया और एक क्षण को अहिंसक हो उठा।

अब जरा मुन्नाभाई की पकड़ से हिंदी साहित्य को पकड़िए। गाँधी का नाम लेते हुए जिए। गाँधी ने दिया। उसे छक के खाया-पिया और लंबी डकार लेकर उसे एक विराट एनजीओ में बदल डाला। साहित्य में गाँधी सिर्फ वाद बनकर आते-जाते रहे। उनका प्रभाव दिखाया जाता रहा। लेकिन एक भी साहित्यकार ने सच बोलना न सीखा। गाँधीगीरी नहीं की। वाद करते रहे। फिर वाद मवाद बन चला। गाँधी को पकड़नेवाले नहीं बने। वे हिंदीगीरी करते रहे। यह फिल्म गाँधी को जिस ताकत से जनता के बीच वापस करती है वह अभूतपूर्व है। यह पॉपुलर कल्चर की ताकत है कि चंद सरकारी स्मृतियों, निधियों, और प्रतिष्ठानों में बेहद बोर लगने वाले और गाँधीवादी अकड़ से गठियाग्रस्त बंदों की कैद से निकालकर गाँधी को पॉपुलर विमर्श में डाल दिया। निम्नतम जनता के बीच फेंक दिया। टपोरी कल्चर में डाल नया अर्थ दिया 'गाँधीगीरी'।

गाँधीवादियों को इसे समझना-गुनना चाहिए। साहित्यकारों को वाद का मवाद थूककर एक दिन 'गाँधीगीरी' का अनुभव बटोरना चाहिए। एक दिन मुन्नाभाई को मार्क्स की 'गीरी' करते भी दिखाना चाहिए। तभी तो हिंदी दिलगीरी कर सकेगी।

**हिंदुस्तान : 24 सितंबर, 2006**

# एक सड़क का नाम है प्रेमचंद

'चौड़ी सड़क, गली पतली थी। दिन का समय, घनी बदली थी। प्रेमचंद उस दिन उदास थे। ख़तरे उनके आसपास थे। उन्हें बता यह दिया गया था कि उनकी सवा सौवीं मनेगी...' प्रेमचंद के इस भक्त ने 'चौड़ी सड़क' को जाकर देखा तो पाया कि उसमें घीसू माधव ने झुग्गी डाल रखी है। वे इंपोर्टेड कफ़न बेचने का कारोबार करने लगे हैं। उसी के आसपास गोबर का एक मॉल है 'गोबरीन'। पाँच मंजिला मॉल सवा सौवीं के उपलक्ष में बना है। गोबर इन दिनों मल्टीनेशनल हुआ रहता है, बातचीत के लिए उसने कहा 'आप क्यू में हैं डैडी की डेढ़ सौंवीं की तैयारी कीजिए, तब नंबर आएगा।'

हिंदी साहित्य में सड़क वर्णन न के बराबर है। सड़क से सारा साहित्य आता जाता है, लेकिन कभी नहीं बताता कि वह क्या फील करती है। हमने चौड़ी सड़क से पूछा कि क्या हाल हैं तुम्हारे? बोली कि दिल्ली में यों तो सैकड़ों सड़कें हैं, लेकिन रघुवीर सहाय ने रामदास को इसी पर लाकर मारा। अब यारों ने प्रेमचंद को लाइन में लगा दिया है। प्रेमचंद के इस अटूट भक्त ने कहा कि री! चौड़ी सड़क तेरा नाम 'प्रेमचंद सड़क' रखा जा रहा है। अब तो तुझे खुश होना चाहिए।

वो बोली कि 'देखो भैया! सड़क तो सड़क है, नाम कुछ भी रख लो। बनी थी तो एक नेता के नाम से थी, जनता ने पता नहीं क्या समझ चौड़ी सड़क नाम दे दिया। रामदास को यहीं क्यों मरना था? यह समझ नहीं आता। तब से जिसे मरना होता है, वह इधर चला आता है। साहित्य भी इधर आकर मर गया, तो कहोगे कि यह सड़क तो साहित्य को ही खा गई है। मैं बदनामी से डरती हूँ।'

'देख बहना! प्रेमचंद के इस युग में ऐसा नहीं होगा।'

'भैया, प्रेमचंद जी से कहा कि बस मेरे गड्ढे भरवा दें। ये जो घीसू माधव के नाम पर ब्राह्मणवादियों ने जगह छेककर झुग्गी डाल ली है, उन्हें जरा हटा दो। दोनों ओर पेड़ लगा दो। मल्टीनेशनल जैसी 'गोबरीन मॉल' को बंद करा दो। बड़ा धुआँ देता है, उसका जेनरेटर।' बहरहाल सवा सौवीं के बाद के युग का इतिहास इस प्रकार है : एक दिन सड़क बनाने वाली मल्टीनेशनल आई बोली कि ये सड़क मुझे दे दो।

इसे स्वर्ण चतुर्भुज से जोड़कर प्रेमचंद का ग्लोबल चतुर्भुज बनाएँगे। सड़क का कायाकल्प होने लगा। जिधर गोदान था, उधर गोदाम बना डाला गया। जिधर कर्मभूमि था, उधर फोर्ड का वर्कशॉप बना दिया गया। जिधर रंगभूमि था, उधर मल्टीप्लैक्स बनाकर पाँच मंजिला में बीस सिनेमाघर बना डाले गए। 'प्रेमचंद-प्रेम' का ग्लोबल असर हुआ। मल्टीनेशनलों को प्रेमचंद में मार्किट करने का नया अवसर दिखा। नतीजे में—प्रेमचंद टॉफी, प्रेमचंद पान मसाला, प्रेमचंद गुटखा, प्रेमचंद जूते-चप्पल, प्रेमचंद चड्डी-बनियान-कमीज-पैंट-कुर्ते-कोट-ब्रॉ-पेंटी-लिंगरी, प्रेमचंद चपाती, प्रेमचंद पाँचसितारा होटल, प्रेमचंद दाल, प्रेमचंद टमाटर, प्रेमचंद आम, प्रेमचंद भिंडी, प्रेमचंद स्कूटर, प्रेमचंद मोटरसाइकिल, प्रेमचंद कार, प्रेमचंद हवाई जहाज, प्रेमचंद लड़ाकू जेट, प्रेमचंद पानी का जहाज, प्रेमचंद क्लाशिनकोव, प्रेमचंद बम, प्रेमचंद एटम बम, प्रेमचंद सेरिडोन, प्रेमचंद अनारदाना, प्रेमचंद च्यवनप्राश और कब्ज़ निवारक चूर्ण, प्रेमचंद शराब, प्रेमचंद कबाब, प्रेमचंद ट्रैक्टर, प्रेमचंद खाद, प्रेमचंद पानी की बोतल, प्रेमचंद दूध-दही-मक्खन, प्रेमचंद आयुर्वेद आदि सब एक छत के नीचे मिलने लगा।

दिल्ली में बहुत कुछ प्रेमचंदमय हो गया। प्रेमचंद का नाम दसवीं फेल बच्चों को बारहवीं पास कराने लगा। वह बीए फेलों को एमए पी-एच.डी. कराकर हर कॉलेजों में खुली प्रेमचंद सीटों पर बिठाने लगा। महिमा ऐसी जमी कि बड़े ब्रांड यथा प्रसाद-निराला-पंत-महादेवी तक पिट गए। आईटीओ पुल का नाम प्रेमचंद पुल हो गया। घरों में बच्चे होने लगे तो प्रेमचंद नाम रखा जाने लगा। एक करोड़ प्रेमचंद रोज होने लगे। सब प्रेमचंद के फ्रेमचंद होने लगे। इतिहास ने प्रेमचंद के संग अन्याय किया था। अब न्याय हो रहा था। प्रेमचंद को स्वर्ग में एसएमएस पहुँचने लगे। प्रेमचंद को अपनी सड़क की चिंता हुई। सो एक दिन होरी का भेष धारण कर आ तो गए! लेकिन ये क्या? उन्हें पहरेदार ने पहले गेट पर रोक दिया। कहा कि गंदे गँवार लोगों को जगह नहीं। प्रेमचंद ने सूचना अधिकार कानून से भी शिकायत की। हर जगह 'नो एंट्री' मिली। प्रेमचंद ने अपने नाम का जप सुना तो लगा कि जरूर ये कोई दूसरा 'क्लोन प्रेमचंद' है, जो इन दिनों उनके नाम से चल रहा है।

हैरान परेशान प्रेमचंद ने एक टीवी चैनल से कांटेक्ट किया। वो आया। बात की। उन्होंने पहला वाक्य बोला ही था कि भाई मैं वो सड़क वाला प्रेमचंद नहीं हूँ तो टीवी वाले बोले कि तब तू हमारा टाइम क्यों खोटा करता है?

तब से प्रेमचंद गायब हैं। सवा सौवीं में प्रेमचंद ने खुद को ही खो दिया है। किसी ने बताया कि एक आदमी चौड़ी सड़क की पतली वाली गली में खो गया है।

**हिंदुस्तान : 30 जुलाई, 2006**

# उत्तर-आधुनिक गीत

कितनी जल्दी परदे से पिक्चर उतरती है? कितनी रफ्तार से गाने उतरते हैं? रिकॉर्ड में रखना भी दूभर है। कल तक 'कजरारे' हिट था। दिन-रात बजता था। इन दिनों हिमेश रेशमिया का 'झलक दिखला जा' या 'ओ हजूर...तेरा सुरूर' ज्यादा बजता है। एफएम चैनलों पर दिन में कई-कई बार बजता है। क्या आप बता सकते हैं कि कजरारे से पहले कौन से हिट रहे? याद करें? सांस्कृतिक उद्योग के इतिहास के लिए यह काम भी जरूरी है।

एक साक्षात्कार में हिमेश ने फरमाया कि उनका संगीत आर. डी. बर्मन और लक्ष्मीकांत प्यारेलाल के बीच का है। नौजवानों की आकांक्षाओं को ध्यान में रखकर बनाया जाता है। उनके गानों को ए. आर. रहमान से तारीफ मिली है। उन्हें पसंद आए हैं...।

यहाँ किसी गाने की संरचनात्मक व्याख्या करने का अवसर नहीं है। उसके गीत के अर्थ उन अर्थों के समर्थक सीन आदि का मिलान करके चलने की बात भी नहीं। यह फिल्मी गानों की आलोचना की पुरानी शैली हो चली कि आप राजेंद्र कुमार या राज कपूर के गानों में बोलों के हिसाब से सीन बनते देखें। इस तरह के सीनों के हम आदी रहे हैं।

इसीलिए जरा सा भी विचलन होता है, तो परेशानी होती है। लेकिन नई पीढ़ी राजेन्द्र कुमार, दिलीप कुमार, राज कपूर या देवानंद वाले 'टोटल' सांग सीक्वेंसेज की दीक्षित पीढ़ी नहीं है। वह ए. आर. रहमान और आर. डी. बर्मन के रीमिक्सों की उत्तर-आधुनिक गीत-संगीत में दीक्षित पीढ़ी है, उसका गाना संस्कार उसका नृत्य संस्कार माइकेल जैक्सन और गोविंदा के नाच गानों के बीच, फरहाखानों की कॉरियोग्राफी से बना है, जिसमें 'देहभाषा' पुराने ढंग के गानों के कंपलीट पोयटिक बोलों से ज्यादा बड़ी बना दी गई है।

गाने में मायने के अनुसार सीन नहीं गढ़े जाते बल्कि गाने के बोलों, उसके दृश्यों के क्रमों में तेज विपर्यय होते हैं। वे मुद्राओं 'पेश्टीच' होते हैं। कथक क्या अन्य नृत्य शैलियों की मुद्राएँ किसी एक भाव का निर्माण नहीं करतीं, बल्कि उनके

टुकड़े एक अभिव्यंजनामूलक अधिक लाउड देहभाषा में सीनों को बनाती हैं। प्रेम निवेदन के गानों में बोल भले ही पुराने ढब के हों, जिनमें 'दिल जिगर प्यास सदियों का इंतजार' आदि कहा जा रहा हो, मगर सीनों में चूमाचाटी और बिकनी-समुद्र तट और तरह-तरह की कामसूत्री मुद्राओं में लिपटने चिपटने के सीन गाने को उसके अर्थ से, सीन को सीक्वेंस की व्यवस्था से अलग कर डालते हैं। एकदम 'कटपेस्ट' वाला मामला होता है, एक तेज रफ्तार अनबूझ-सा कोलाज बना दिया जाता है।

गाने के सीनों को पुराने ढंग से नहीं बनाया जाता। लेकिन गाने पॉपुलर हो जाते हैं, क्योंकि वे रोज बजाए जाते हैं और यह भी कि कहीं-न-कहीं उनमें आर. डी. बर्मन और लक्ष्मीकांत प्यारेलाल के बीच की गली में गाना संभव होता है, जिसमें तेज कर्णकटु आवाज उतने तेज वाट के शोर करने वाले सिंथेसाइजरों से समर्थित होती है और इस तरह शोर और तर्कहीन गाने तथा सीन की जगह लेते हैं। मगर इन गानों की तर्कहीनता में भी एक तर्क है? अतितर्कीकरण के प्रतिरोध में तर्कहीनता को पढ़ा जाना चाहिए। तभी रेशमिया की धुन पर 'हेला खयाल गायक' तक फिदा हो जाते हैं।

एफएम वाले इन दिनों के एलबमों के मार्केट की तरह ही पेश आते हैं, उन्हें ही तरह-तरह से बजाते रहते हैं। वे हिट होते रहते हैं, मगर इन गानों में से जिनमें कुछ बेहद सुरीले भी बन जाते हैं, वे ज्यादा देर टिकने वाले नहीं होते। एक साल, दो साल की उम्र बड़ी है। अब तो तीन महीने की उम्र होती है। सीजन टू सीजन। यह मार्केटिंग का असर है। असर क्या हस्तक्षेप है। बजाने का समय खरीदा जाता होगा। बहरहाल हम रफी, मुकेश की जगह रेशमिया को सुनने लगते हैं, तो हमारे पैर उसकी बीट पर अपने आप थिरक सकते हैं। यह देहभाषा का देह भाषा को निमंत्रण है। गाने देहभाषा बनाते हैं वे काव्यात्मक अर्थ नहीं बनाते। एक प्रकार का पेश्टीच पैदा करते हैं लेकिन पेश्टीज कोई मामूली कला नहीं है। उत्तर-आधुनिक समय में वह एक महत्त्वपूर्ण कलात्मक और हस्तक्षेपकारी तरकीब है।

**हिंदुस्तान : 9 अप्रैल, 2006**

# वेलेंटाइन की विजय

कोई सात-आठ साल पहले कानपुर, लखनऊ, आगरा, दिल्ली तक में हिंदुत्ववादी बजरंगी तत्त्वों ने वेलेंटाइन डे पर युवा-युवतियों पर फासिस्टिक हिंसक हमले किए थे। दुकानों में, होटलों में घुसकर तोड़फोड़ की थी। सबसे अधिक प्रतिरोध कानपुर के लड़के-लड़कियों ने किया था, मगर बेहद अकेले-अकेले। कोई दल, कोई नेता कहीं से भी उनके हक में खड़ा नहीं हुआ था, सिवाय मीडिया के। अखबारों और टीवी चैनलों के। और आज का सीन देखिए : वेलेंटाइन डे आ रहा है। लेकिन शिवसेना का एक तबका कह रहा है कि वो इस बार वेलेंटाइन का विरोध नहीं करेगा! भाजपा ने अपने कदम सबसे पहले पीछे खींचे। उनके युवा संगठन आरंभ में एक्शन में आए, बाद में पीछे हटे और पिछले दिनों जब मेरठ में युवा-युवती एक पार्क में आपस में मिल-बैठकर बातें करे रहे थे, तो पुलिस ने पीटा था। मीडिया ने इसे दिखाया था। इस पर सबसे तीखी प्रतिक्रिया भाजपा सांसद सुषमा स्वराज ने संसद में व्यक्त की थी, जो हिंदुत्ववादी अंधता और क्रूरता से मुक्त थी! वह नौजवानों की निजता और आजादी के पक्ष में बिना 'किंतु परंतु' के बोलीं। यह एक बहुत बड़ा बदलाव है कि अब वे तमाम लोग वेलेंटाइन जैसे युवा जन-उत्सव के विरोध में न जाकर या तो खामोश होने लगे हैं या समर्थन करने लगे हैं।

इस बार वेलेंटाइन फिर 'मार्केट और मीडिया' के दुर्जेय घोड़ों पर सवार होकर आ रहा है। दिल्ली, मुंबई ही नहीं छोटे नगरों के बाजारों में कार्ड और गुलाब मिलने लगे हैं। युवा जन अपने दिल की बात कहने लगे हैं। सात-आठ साल में ही युवा समाज ने अपने लिए एक हक़ की जगह बनाई है। बातचीत मित्रता और निजता के स्पेस की क्रांतिकारी जगह! इसके कारण मौजूद हैं। मीडिया ने, मार्केट की पहुँच ने इसे एक नया सांस्कृतिक स्पेस दिया है। एक नया रेनेसां है, जिसकी धार सामंतीय मूल्यों के अमानवीय, जर्जर मूल्यों के विरुद्ध है और जिसके पीछे ग्लोबल ताकतें खड़ी हुई हैं। फ्री मार्केट ने पुरातनपंथी सामंतीय मर्यादावादी मूल्यों की पगड़ी बाँधकर बैठे जड़ मर्दवादी समाज को अचानक रक्षात्मक बना डाला है। वह मेरठ, मुजफ्फरनगर, हरियाणा या जमीन से जुड़े जड़ संबंधों वाले समाजों में अभी फुफकारता हुआ बैठा रहता है। मौका मिलते ही अब भी प्रेम करने वाले युवक-युवतियों को अपनी कथित इज्जत के लिए मार डालता है। यह एक बंद, गतिहीन, हरितक्रांति की मलाई खाए,

हुक्का गुड़गुड़ाते, मंजी पर बैठे परंपरागत मूल्यों की महानता के किस्से सुनने वाले बुजुर्गों का नियंत्रित सांस्कृतिक स्पेस है, जिसका क्षय दिन-रात हो रहा है।

घर के बच्चे-बच्चियाँ टीवी पिक्चर देखें। मॉडल बनने, फैशन शो करने, मिस मेरठ बनने, नाचने-गाने के लिए छटपटाते हैं और उन्हें रोका जाता है। अपने युवा जगत की निजी आजादी की यह सांस्कृतिक लड़ाई हर घर, हर गली में जारी है, जिसे मीडिया और मार्केट जैसे दुर्दमनीय दोस्त मिले हैं। मीडिया ने हर बार युवाओं के स्पेस को बनाया है। उसका पक्ष लिया है। बाजार ने उसका समर्थन किया है कि उसे चुनने की आजादी हो। उसे एन्स्योर करा। यह 'सिविल स्पेस' के निर्माण की जरूरत को बताता है। यह युवा जगत की सांस्कृतिक प्रक्रिया है, जो अबोध है। आबादी का चौवन फीसदी घास-फूस की तरह उड़ाया नहीं जा सकता! हर माँ-बाप चाहता है कि उसका बालक कंप्यूटर सीखकर अमरीकी डॉलर कमाने लगे। लड़की भी कमाने लगे। पैरों पर खड़े हों। वह डर-डरकर इस सबके लिए तैयार होता है। बौखलाहट में हिंसक हो जाता है। लेकिन जब स्टॉक एक्सचेंज दस हजार का आँकड़ा पार कर रहा हो, जब आठ फीसदी से ज्यादा जीडीपी का आकलन हो, जिसमें सबसे ज्यादा बड़ा हिस्सा 'सेवा क्षेत्र' का हो, तो आप उस स्पेस के बारे में अज्ञानी नहीं बने रह सकते, जिसे ये ग्लोबल पूँजीवादी बदलाव बनाते हैं।

इस सांस्कृतिक समुच्चय के बदलाव के पीछे कोई राजाराम मोहन राय नहीं हो सकते। उन महानों की जगह मीडिया और मार्केट ने ले ली है और उचित ही ली है। जब हरित क्रांति हो जाए और दिमाग पंद्रहवीं सदी की नैतिकता में ही रह जाए, तो साफ है कि भारतीय किस्म के पूँजीवाद के चलते सामंतीय जकड़नें नहीं जाने वाली। उन्हें पॉपुलर कलचर ही तोड़ेगी। फिल्में, गाने, मीडिया का सूचना संजाल ही इस पिछड़ेपन को तोड़ेंगे। वे तोड़ रहे हैं। यह एक नया सांस्कृतिक रेनेसां है, जो किसी एक समाज सुधारक के भरोसे नहीं, नई पूँजी और उपभोक्ता क्रांति के जरिए संभव हो रहा है। उपभोक्ता क्रांति के बारे में बेहद क्रांतिकारी गरमी से बजबजाते हुए लोग जरा कम्युनिस्ट मैनिफेस्टो पढ़ लें, तो उसके आईने में वे खुद की प्रतिक्रियावादी की सी तस्वीर देख लज्जित ही होंगे। जिन जगहों पर मार्क्स-एंगेल्स ने 'बुर्जुआ इपॉक' (पूँजीपति वर्ग का जमाना) की बात की है, बुर्जुआ की क्रांतिकारिता की बात भी की है और खूब की है। समाजवाद की चूलें हिल गईं। बुर्जुआ वर्ग नहीं मरा। वह नित-नित नवीन होता रहा। सामंतीय जर्जरताओं को बुर्जुआ ही तोड़ेगा, यही कहा था मार्क्स ने। अब उस बुर्जुआ को बाजार तोड़ रहा है। आप उसका खात्मा सोचते रहे। उस चक्कर में उसने क्रांति को भी तोड़-फोड़ डाला! उसने कब कहा था कि वह उसकी हिफाजत करेगा? अरे भाई बनाओ नई क्रांति!

वेलेंटाइन का नया सीन एक क्रांतिकारी विजय का क्षण बनता है, उसका स्वागत किया जाना चाहिए।

**हिंदुस्तान : 12 फरवरी, 2006**

# साइबर संसार के ब्लॉग लेखक

दिल्ली में लिखने-पढ़ने वालों के कई इलाके हैं। कई अड्डे हैं। कई सैरगाहें हैं। कई ऐशगाहें भी हैं। कई कत्लगाहें हैं। नित्य उजड़ती बसती दिल्ली के दिल में बहुत सी जगह है।

दिल्ली में अपने-अपने आसमान में अपनी-अपनी पतंग उड़ाते हुए अनेक युवा लेखक भी लिखते-पढ़ते हैं। वे किसी साहित्यिक ऐशगाह के मोहताज नहीं हैं। किसी बड़े लेखक तक उनकी पहुँच नहीं है, उन्हें इसकी परवाह नहीं है। उन्हें किसी की कृपा की दरकार नहीं। वे किसी की महानता से आतंकित नहीं। उनकी अपनी जगह अपना इलाका है। वे इस बात का अहसान भी नहीं जताते फिरते कि वे लेखक हैं। उन्होंने मिलकर एक किताब लिखी है, 'बहुरुपिया शहर'।

उनका गद्य आँखें खोलने वाला है। एकदम ताजा दैनिक और बेहद हरकत वाला जीवन बताने वाला गद्य, जिसे आप कविता की तरह पढ़ सकते हैं। इनका लेखन पहला विधिवत 'साइबर स्पेसी' लेखन है जो एक ही पल में उनकी कलम की ताकत को उनकी लिखने की धार को बताता है। आम कलम इसी तरह जिंदगी से जुड़कर जब बोलती है, शहर की बस्तियों की परत-दर-परत खोलती चलती है। इनके आगे हिंदी के प्रख्यात रिपोर्ताज पुराने लगते हैं। ये लेखक दिल्ली की झुग्गी झोंपड़ी बस्तियों में पले-बड़े हुए हैं। वह उनका अपना जगत है। वे ही उसकी पहली सूचना दे रहे हैं वरना आज की हिंदी में किसी बस्ती, किसी झुग्गी को जगह कहाँ? इसीलिए यहाँ की बेहद एक्शन भरी टूटी-फूटी जिंदगी के नितांत गैर रूमानी चित्रण मिलता है। इन बस्तियों के लेखक अपने हैं जैसे कि नांगला माची के या जेपी कालोनी के या दक्षिणपुरी के। ये बस्तियाँ अपने लेखक पैदा कर चुकी हैं।

अजरा, जानू, लखीचंद, राकेश खैरालिया से लेकर बाबी खान, त्रिपन कुमार, नसरीन शमशेर, नीलोफर, सूरज राय कोई बीस नाम इस 'बुहरुपिया शहर' का निर्माण करते हैं। ये हिंदी के 'ब्लॉगर' हैं। 'ब्लॉग राइटर' हैं। 'ब्लॉग लेखक' हैं। इनकी कलम ब्लॉग में ही खुली है। ये कवि हैं, कथाकार हैं। रेखाचित्रकार हैं। डायरी, टीका, हस्तक्षेप और पता नहीं कितनी रचना विधाओं को वे रोज जन्म दे रहे हैं। जो लोग इलेक्ट्रॉनिक

तकनीक और कंप्यूटर को पश्चिमी-पश्चिमी चिल्लाकर रोते हैं वे जान लें कि इसी तकनीक ने इन अनंत हाशियों को एक बेबाक वाणी दी है। यह इनकी ताकत है। जेनरेशन नेक्स्ट हिंदी में यही है। दिल्ली ने इन्हें बुलाया है। ताकत की मार ने इन्हें झुग्गियों में धकेला है। हर तरह से हाशियाकृत लोग हैं यहाँ वही 'हाशिया जीवन' है। किसी के घर में ठेला लगता है, कोई बसस्टॉप पर पानी की टंकी लगा पानी पिलाता है, कोई राज मिस्त्री है, कोई बेलदार का बच्चा है, जो अपने पिता के साथ काम करता है। कोई खोमचा लगाता है। कोई पटरी बाजार में जुराब, रूमाल, कंघे बेचता है।

कितने काम नहीं करते ये लोग? कोई सुबह निकल मौसम के अनुसार आइसक्रीम या मूँगफली बेचता है। करोलबाग से लेकर चाँदनी चौक तक फेरी लगाकर आज ये कल वो बेच सकता है। अपनी ही तरह की इकोनॉमी वाली छोटी मलिन बस्तियों में जाकर जरूरत का सामान बेचते हैं सेवाएँ देते हैं। कुछ भी तय नहीं है। और अब वह 'नांगला माची' नहीं है। उसे उजाड़ दिया गया है सारे लोग दर-ब-दर हुए हैं। अभी जेपी कालोनी बची है। ये नए और वाकई युवा लेखक इन्हीं में रहते हैं। हिंदू-मुसलमान-सिख-ईसाई साथ-साथ।

हिंदी ब्लॉग लेखक की खासियत यह है कि इनका जन्म 'सराय' के साइबर स्पेस में ही हुआ है। किसी साहित्यिक मासिक के दफ्तर में संपादक के आशीर्वाद से नहीं हुआ।

हरेक के पास अपनी कलम है, जो अपने ब्लॉग में अपना मचान लगाती है। और सारे दुःख-दर्द हँसी-मजाक वहीं बाँटती। ये शेअर्ड अनुभवों के लेखक हैं। यह नितांत शहरी पीढ़ी है मगर हाशिए पर कर दी गई इकनॉमी की है। इस साइबर सरस्वती के अनंत आकाश में बहुत से सार्थक ब्लॉग लेखक हैं। हिंदी वालो इन्हें जानो-पहचानो और उस दादागीरी को तोड़ दो, जो कथित चंद ठेकेदारों ने बना रखी है। लेखन की असली मुक्ति यहीं है। अपने साइबर स्पेस में।

**हिंदुस्तान : 22 अप्रैल, 2007**

# फ्री का स्वाति गिलास

हिंदी मेले और उत्सव चल रहे हैं। जब मेले व उत्सव होते हैं, तो उसमें हिंदी-झूले, हिंदी-चरख, हिंदी-हलवाई, हिंदी खाजा, इमरती, बालूशाही, कचौड़ी, जलेबी भी होती हैं और हिंदी सर्कस भी होते हैं। हिंदी के भालू, हिंदी के शेर, गीदड़, जिराफ, चूहे, बिल्ली, बिच्छू, साँप, अजगर भी होते हैं। हिंदी सुरमा, हिंदी भीमसेनी काजल, हिंदी कपड़े, हिंदी जूते, हिंदी हँसी के गोल-गप्पे भी बिका करते हैं।

हिंदी सीजन साल में दो बार तो आता ही है। ज्यों ही विश्व हिंदी सम्मेलन की चर्चा शुरू होती है, हिंदी में चिर-परिचित कलरव होने लगता है। हिंदी के पपीहे हिंदी-हिंदी की रट लगाने लगते हैं और विश्व हिंदी सम्मेलन के स्वाति नक्षत्र एक बूँद के लिए तरसने लगते हैं कि कभी तो स्वाति को तरस आए और एक फ्री की बूँद इधर छिड़क दे। भाग्यवान पपीहों को एक-एक बूँद के लिए तरसना पड़ता है। कभी-कभी संघर्ष करना पड़ता है। एक पपीहा दूसरे को धक्का देता है, तीसरा चौथे को चोंच मारकर घायल कर देता है। पाँचवाँ अपनी पार्टी के पास जाकर गुहार करता है। इस बार दूसरे पपीहे ज्यादा फ्री के स्वाति का गिलास गटक रहे हैं और एक हम हैं कि एक बूँद के लिए तरस रहें हैं! क्या होगा? प्रभो इस हिंदी का क्या होगा? पपीहा एक मानसिकता है। स्टेट ऑफ माइंड है। चातक एक हिंदी-स्थिति है। चातकता के भाव में तकने का भाव प्रमुख है। वह सिर्फ तकता है, जिस तरह बगुला जल को देखे बिना भी मछली को तक लेता है, उसी तरह चातक हिंदी स्वाति नक्षत्र को तकता रहता है।

यह स्टेट ऑफ माइंड क्लासिक मध्यकालीन है। कलिजुग में तो इसे भक्ति के सहारे जीवित रहना है। पंडितजन ऐसा पहले ही कह गए हैं। 'एक भरोसो एक बल एक आस विस्वास' करते हुए चातक तुलसीदास को जब नाम का स्वातिजल मिल गया, तो क्या नए हिंदी पपीहों को विश्व हिंदी सम्मेलन का जलपान न मिलेगा? हिंदी सबको फ्री का 'राष्ट्र' देती है सरकार को एक अदद राजभाषा देती है, लेकिन ये सरकारें हिंद्री को क्या देती हैं? साल में एक हिंदी दिवस आता है। कुछ पत्रं पुष्पं

यत्रतत्र तंदुल सुपारी और निगमबोध घाट से उठाया नारियल शाल-दुशाले कुछ अफसर और उनकी हिंदी। अरे, इससे ज्यादा तो श्राद्ध पक्ष में मिल जाता है।

पपीहे स्वाति का फ्री जल पीते हैं, बहस नहीं करते और अचानक किसी नाटकीय तकलीफ में हिंदी के पपीहे अपनी नन्ही-सी चोंच मारकर कहने लगे हैं—घोर अनर्थ हुआ जा रहा है। हिंदी बिगाड़ी जा रही है और बिगाड़ने वाले हैं, वही ग्लोबलाइजेशन बाजार अँग्रेजी और मीडिया और वे लोग, जो बाजार बना रहे हैं। हिंदी के पपीहे जब रैडीकल बोल निकालते हैं तो टिटहरी की भैरवी को टक्कर देते हैं। पपीहों की लाइन साफ होती है। स्वाति की बिसलेरी की बोतल के अलावा तो कुछ पीते नहीं। रात-बिरात किसी ने कुछ पिला-उला दिया तो क्या, बस! वे तो पूरे समय एक ऐसी हिंदी बनाते-चलाते रहेंगे जिसके नट-बोल्ट संस्कृतमूलक व्याकरण में कस दिए गए हों, जो काम की नहीं रह गई, जिसके नट-बोल्टों में जंग लग गई है। किसी पुरानी कार की तरह वह उनके नाम बँधी रहती है, लेकिन वे हैं कि 'एक आस एक विश्वास' से हिंदी-हिंदी करते रहेंगे। नई पीढ़ी उनकी हिंदी पर उनके सामने हँसती रहेगी, लेकिन वे तो हिंदी दिवस और हिंदी मेले हिंदी उत्सवों की आस में अंततः विश्व हिंदी सम्मेलन की ओर आकाश की ओर अपनी चोंच उठाए निहारते रहेंगे। अरे, कभी तो फ्री का गिलास मिलेगा?

फ्री टिकट इस फ्री मार्केट ने कम कर दी हैं। लेकिन वह पपीहा क्या, जो स्वाति के जल के लिए पेमेंट करे। उसके लिए तो स्वातिजल उसका अधिकार है। कर्तव्य नहीं। उसे उसकी चोंच में ही बरसना है।

हिंदी की जनता बदलती जा रही है। बदलती रहे! हिंदी का युवा जगत और बाजार तेज गति से बदल रहा है। बदले। उनकी बला से! हिंदी का मीडिया संवाद और संचार की नई हिंदी दिन-रात बना रहा है, बनाता रहे! उन्हें क्या?

कार्पोरेट अँग्रेजी में, रोमन में हिंदी डाल-डालकर अपना बाजार बनाए या हिंदी-अँग्रेजी की 'हिंग्रेजी' बनाकर नया सुर-ताल लगाए तो परवाह नहीं। हिंदी वैबसाइटें आ जाएँ हिंदी के कैसेट दुनिया में बिक जाएँ, उन्हें परवाह नहीं, दुनिया बदल जाए हिंदी पपीहों को परवाह नहीं, उनका तो एक आस-विस्वास है, फ्री का स्वाति गिलास। उनके पास इस भ्रष्ट हिंदी जगत के लिए यही कहना है कि यह हिंदी असल है ही नहीं। असल हिंदी तो उनकी चंचु में है जो दो साल में एक बार खुलती है।

**हिंदुस्तान : 14 जनवरी, 2007**

# बाजार में वसंत

सुना है वसंत आ गया है। दिल्ली में वसंत जब भी आता है, अधपकी खबर की तरह आता है। खबरों का इन दिनों भरोसा नहीं है। फिर कहीं कोई 'रंग दे बसंती' फिल्म का जिक्र करता है। कई बार बसंती कहते ही 'शोले' की धन्नो की बसंती याद आ जाती है। 'हवा हूँ हवा हूँ बसंती हवा हूँ' केदारनाथ अग्रवाल की कविता की बसंती हवा चारों ओर खेतों-खलिहानों में फर्राटा मारती याद आती है। मगर इस दिल्ली का क्या करें? यहाँ वही हवा बोझिल बीमार-सी नजर आती है। आप नाक पर कपड़ा रखकर सड़क के धूल धुएँ से आदान-प्रदान करते हैं। वसंत का सारा राग बेसुरा हो जाता है। लगता है हिमेश रेशमिया ने वसंत के नाम पर कोई गाना गा दिया हो! एक वसंत हजारी प्रसाद द्विवेदी के वक्त भी आया करता था। लेकिन अंत में उन्हें कहना पड़ा कि वसंत आता नहीं है, ले आया जाता है। उसे पढ़कर दिल्ली में रहकर सोचता हूँ कि इन दिनों कौन ले आया है? मार्केट ले आया है! पहले उसे कौन लाता होगा, पता नहीं इन दिनों तो मार्केट लाता है। बंसती सेल के बैनर तन गए हैं। दक्षिणी दिल्ली में यह वसंत पंचमी की तरह नहीं खरीद फरोख्त की तरह ले आया गया है। पीले रंग की जगह टेसू के फूलों के रंग में सीझे दुपट्टे की पीलिमा की जगह चमकदार पीला-पीला कुछ भी हो वसंत-सा बता दिया जाता है। एक डिजाइनर ने अपने दफ्तर की दीवारों में से एक को एकदम नैरोलक का पीला बना रखा है। घुसते ही आँखों में गड़ता है, मगर दिल समझाओ तो यह डिजाइनर वसंत है। भैये कोई पीली फियेस्टा पास से सर्र-सी गुजरे तो समझो कि वसंत ले आया और ले जाया जा रहा है। वह स्पीड से निकल गया है, पीछे कालिख़ छोड़ गया है। वसंत को कौन लाया होगा? ले आया जाता है, तो किस गरज से कोई ले आता होगा? इस बारे में व्यंजना बड़ी मौनवती है। रसिकों के लिए जगह छोड़ दी गई है कि मन नहीं मन समझो!

हिंदी वाले का वसंत में हाथ तंग है। संस्कृत में इतना तंग नहीं था। ब्रज भाषा में तो हर कवि षड्ऋतु वर्णन करना अपना फर्ज समझता था। पद्माकर के

एक छंद में तो वसंत ऐसा बावला होकर बागों, बेलों में, वीथियों में बरजाता है कि सँभाले नही सँभलता।

बड़े जीवंत लोग रहे होंगे कि वसंत को जितना चाहा उतना फैलाकर देखा। वह आता रहता। ये बताते रहते। वसंत भी खुश रहता होगा कि चलो फ्री में पब्लिसिटी मिल रही है।

इन दिनों वसंत मुर्गियों के जरिए ले आया गया है। मुर्गियों को रास नहीं आया है। कहते हैं कि ग्लोबल वसंती हवा का चक्कर है। मुर्गी मार अभियान हो गया है। मुर्गी से पूछो तो वह क्या कहेगी वसंत के बारे में? खबर बनाने वालों को किसी मुर्गी से बात करके उसका साक्षात्कार प्रस्तुत करना चाहिए। उन्हें मारने वालों को सावधानियों का वर्णन ज्यादा है। मुर्गी पक्ष का एक बयान नहीं है।

गाजीपुर की मुर्गी मंडी की सुरक्षित कही जाती एक मुर्गी से पूछा तो कटने से पहले उसने बयान दिया : 'जिसे तुम वसंत कह रहे हो, वह हमारा तो बस–अंत ही है।' मरने का इंतजार करते या अचानक मरते बात बरोबर है। यार तुम दाना नहीं खिलाते, केमिकल्स देते हो, तो क्यों न हमें बीमारी हो और हम क्यों न तुम्हें बीमार कर डालें? वह हँसी और बोली : 'बचुआ इस दिल्ली की ग्लोबल हवा का क्या करोगे?' वसंत है कि धूल-धक्कड़ है। एक दिन आसमान में सूरज साफ नहीं दिखा। दिखता तो कीड़े-फीड़े खत्म हो जाते।

अचानक पत्रकार को अपना खाँसी खुर्रा याद आया। यह वसंत तो सबसे पहले उसकी नाक और गले से ले आया गया। डॉक्टर के पास दो सौ बसंती मरीज़ खाँसते निकले। सबके नाक गले खराब! जुकाम बुखार। दिल्ली की बड़ी आबादी का वसंत बदलते मौसम की लैबों में पचास तरह के टैस्ट और दवाओं के संग ले आया जाता है। एक धूसर हूह हूह करता आसमान कभी गरम कभी सर्द हवा... लीजिए पद्माकर जी का वसंत इक्कीसवीं सदी की धूल है धुआँ है। क्या कर लेंगे आप!

मगर लुटियन की दिल्ली में सेमल जगह-जगह फूल रहा है। गजब के डह-डह सुर्ख या केसरिया रंग के फूल पत्तों रहित डालों पर यूँ फूले हैं, जैसे किसी ने अलग से लगा दिए हों। दस मैले कुचैले पेड़ों के बीच जब एक सेमल अपने रंग में मस्त होकर तना हुआ दिखता है, तो लगता है कि वसंत आया है। मगर सारा का सारा वसंत लालची, अमेरिका की तरह, इसी ने हथिया लिया है। मोनोपॉली कर ली है। सेमल एक तरह का मल्टीनेशनल है, जो अपने से बाहर अपनी ब्रांड को जाने ही नहीं देता। बड़ी आफत है। जब कुछ पकाव हो जाएगा तो सेमल की रुई बनाने वाले इन पेड़ों पर छिपकर चढ़े दिखेंगे वे पके फूलों को ले जाएँगे। उन्हें मालूम है कि वसंत आ गया है और सेमल इतरा रहा है। उनकी जेब गरम होने वाली है। दिल्ली का वसंत अपना धूसर रंग रखता है। मटमैला स्पीडी कोलतार की सड़कों पर पत्तियों की तरह गिरा हुआ। दिल्ली में अगर नौजवान स्वेटर उतारकर टाइट बनियानें

पहनने लगें, तो समझो वसंत आ गया है। जब वेलेंटाइन होने लगे तो और बजरंगी हमले के हल्ले होने लगें तो समझो वसंत आ गया है। जब 'नीम के पत्ते झरने लगें' और 'उदासी मन की' बढ़ने लगे तो समझो वसंत आ गया है और जब बच्चों को अखबार बताने लगें कि इम्तहान कैसे दें, तैयारी कैसे करें, तनाव से कैसे बचें तो समझो वसंत आ गया है।

पुराने जमाने में मस्ती लुटाने वाला वसंत दिल्ली में सुस्ती का मार्केट बनाता है। वसंत भी बदल गया है और उसका पैकेज भी। उसके भी लेबल और अंदर के माल में फर्क आ गया है, वसंत क्या है? ड्रामा हो गया है। बताइए ऐसे वसंत को कौन तो लाएगा, कौन ले जाएगा। ये तो जुकाम की तरह अपने आप आता है, सेमल की तरह अपने आप खिलता है और दिल्ली की सुस्ती की तरह अपने आप उबासी लेता देता है। ऐसे वसंत पर कोई कविता कैसे लिख सकता है?

**हिंदुस्तान : 26 फरवरी, 2006**

# पार्टनर तुम्हारी नीति क्या है?

हिंदी के कवि मुक्तिबोध साहित्यकार की भूमिका के संदर्भ में अक्सर दो सवाल पूछा करते थे :

पार्टनर तुम्हारी पॉलिटिक्स क्या है? और 'तय करो किस ओर हो तुम!' हम भी जरा पूछ लें कि हे हिंदी के साहित्यकार, कवि, कथाकार, तुम्हारी पॉलिटिक्स क्या है? मनमोहन सिंह, चिदंबरम की नई आर्थिक नीतियों पर क्या राय है? रिजर्वेशन पर क्या सोचते हो? फना फिल्म के गुजराती-वध के बारे में क्या लाइन है? मेधा पाटकर के नर्मदा बचाओ आंदोलन के बारे में क्या कहना है?

भाई क्या राय है कि चीन की कम्युनिस्ट पार्टी अपने यहाँ बहुराष्ट्रीय निगमों का लाल कालीन बिछाकर स्वागत कर रही है? मार्क्सवाद में पूँजीवाद का पानी ही नहीं मिला रही है, समूचा गंदा नाला खोल दिया जा रहा है। और पार्टियाँ नाक बंद कर डुबकी मार रही हैं? वैज्ञानिक समाजवाद के रोडमैप में कहाँ गड़बड़ हुई?

बताओ कि प्रमोद महाजन की हत्या और उनके पुत्र के कोकीन सेवन पर तुम्हारी क्या राय है? ज्ञान आयोग के बारे में कुछ जानते हो? क्या तुम बता सकते हो वामपंथी दल अखिल भारतीय हड़ताल का आह्वान करते हैं, लेकिन कोलकाता में हड़ताल नहीं होने देते? ऐसा क्यों है कि माकपा केंद्र की उन्हीं नीतियों का विरोध करती है, जिन पर कोलकाता में अमल करना चाहती है? अच्छा ऐसे संदर्भित जटिल सवाल आईएएस छात्रों या पत्रकारों के लिए छोड़ देते हैं। आप साहित्यकार ठहरे। बोर हो गए होंगे। आपसे आपकी कविता कहानी पर बात न करके यह टुच्चा टिप्पणीकार पता नहीं कहाँ की राजनीति घुसेड़ रहा है? अरे, साहित्य में राजनीति कोई सीधे आती है? साहित्यकार राजनीतिक टिप्पणीकार नहीं होता। वह तो यथार्थ को जीवन के अनुभवों को लिखता है। तो यही बताइए कि आपकी कविता कहानी में ये जो उलझा हुआ जीवन है, यह किस तरह से आया है? क्या उसमें नए उपयोगी ज्ञान का निर्माण हो रहा है? ज्ञान की आँधी का परिचय मिलता है? अच्छा कुछ कम तकलीफदेह बातें की जाएँ? बताइए कि राखी सावंत के चुंबनकांड में राखी किस स्त्री-विमर्श का निर्माण कर रही है? जेसिका लाल मर्डर कांड में आप किधर खड़े हैं?

आप इतने तुष्ट, इतने नितांत निजी और स्वार्थी किस तरह हो सकते हैं, जबकि समाज में आधी जनता गरीबी में हो, अशिक्षित हो उससे भी ज्यादा लोग कुपोषण और बीमारियों के शिकार हों? अच्छा चलिए एड्स के बारे में आपका क्या खयाल है? जल-संकट के बारे में क्या कहना है? मानवाधिकार क्या है? नगरीकरण की समस्याएँ क्या हैं? विकास का नक्शा क्या है? क्या चालू नीतियों के विकल्प में कोई वैकल्पिक सपना आपके पास है? या वही एक-दो चुराई हुई, लातीनी अफ्रीकी चेक पोलिश कवियों की लाइनों वाली कविताएँ, कहानियों की थीम और पुस्तक समीक्षाएँ हैं, जिनमें हर रचनाकार गालिब-मीर-टैगोर और प्रेमचंद का बाप नजर आता है। आप इन सब के बाप!

सोचें आपने कितने दिन से कोई विचारधारात्मक बहस नहीं की। आपस में एकदम बे-लिहाज होकर किसी जीवन-तत्त्व की खोज के लिए किसी विचार को बनाने के लिए नहीं उलझे! आपकी नींद नहीं उड़ी?

बताइए सोवियत संघ क्यों टूटा? सत्तर साल में समाजवाद क्यों गायब हो गया? प्रगतिशीलो! तुम तो बता दो? तुम्हारी तो यात्राएँ नित्यप्रति होती थीं। बात क्या हुई? समाजवादी मानव की बच्चियाँ इन दिनों जनपथ और पहाड़गंज के होटलों में देह-व्यवसाय में क्यों वहीं से ज्यादा आ रही हैं? आप तो हर वक्त अपनी प्रिय पुस्तकें गिनाते रहते हैं जाहिर है, प्रिय है तो पढ़ते-गुनते होंगे? लेकिन क्या आपने ल्योतार का कोई ग्रंथ पढ़ा, जिसने उत्तर-आधुनिक ज्ञानात्मक-प्रस्थापनाओं की बात की, जो आज आँधी की तरह आ रही हैं? क्या आप देरिदा फूको के लेख या ग्रंथ पढ़ते हैं? क्या आपने अर्थशास्त्र और समाजशास्त्र में आ रहे बहुत से परिवर्तनों को जाना है? सबाल्टर्न क्या बला है? अस्मिताएँ क्या हैं? नव्य इतिहास क्या है? स्त्रीत्ववाद क्या है? अच्छा आप मोबाइल के मैसेज डिलीट कर पाते हैं? एसएमएस आसानी से भेज पाते हैं? आप कितनी देर कंप्यूटर का उपयोग करते हैं? जिस हिंदी पर आप गर्व करते ही हैं, उसे कितने जन अपनी मातृभाषा कहते हैं?

आप कहेंगे कि ये आदमी क्या मास्टरी झाड़ रहा है, मगर मेरे भाई, अगर हमारा अपना ज्ञानात्मक स्तर किसी नए स्पर्धा के बाजार में उतर रहे कंपिटीटिव युवा से कमतर है, तो यकीन करें आप जीते-जी खत्म हो रहे हैं। मामला अब साहित्य का होते हुए भी साहित्य का नहीं है। वह समग्र है, ग्लोबल है और माँग करता है कि तू ये कर, तू वो पढ़, तू ज्ञान प्राप्त कर! सिर्फ अपनी अनुभूति के चक्कर में मत रह! तब क्या ऐसा सुझाव देना गलत होगा कि कविता कहानी आदि कुछ बरसों के लिए मुल्तवी कर दें! नए ज्ञान पर विचार कर, उससे अपने नए का निर्माण करें?

याद रखें ज्ञान बिना मुक्ति नहीं है। तो हे बिरादर! हे पार्टनर! ज्ञान की आँधी में अपनी भ्रम की टाटी उड़ने दे, तभी ज्ञान का प्रेमजल बरसेगा।

**हिंदुस्तान : 18 मार्च, 2006**

# सन् अठारह सौ सत्तावन के वियोग

अठारह सौ सत्तावन की डेढ़ सौवीं हो रही है। क्रांति की याद में सौ करोड़ खर्च करने की बात सुनी जा रही है। कमेटी-शमेटियाँ सेमिनार दस्तावेज सब छानने फटकने हैं। बहुत काम आन पड़ा है उस महान क्रांति की एक याद में बहुत सारे लोग जिए जा रहे हैं। वियोग हो तो ऐसा। वियोग सेंत में नहीं होता। हर वियोगीजन कवि होता है। उसकी आह-कराह की इकोनॉमी होती है। खर्चा बैठता है भाई साहब! सूर की गोपियों के वियोग-सीनों में लगता है कि कुछ खर्च नहीं हुआ होगा, लेकिन अब लगता है कि कोई न कोई फाइनेंसर तब भी उपलब्ध रहा होगा! बिना खर्च के वियोग नहीं होता।

क्लासिकल बात है कि जितने दिन कोई वियोग में रहता है, उतने दिन वियोगी कुछ नहीं करता है। उत्पादक श्रम से दूर वह यादों में खोया-खोया, संयोग के दिनों की याद करता रहता है। वियोगी को कवि इसीलिए कहा गया है कि वह स्मृति के सहारे जिया करता है। उसे जिलाना बाकी की ड्यूटी हो जाती है। वे ही उसकी रोटी-रोजी का खयाल किया करते हैं। करुण रस यही कहीं सक्रिय होकर दान-दक्षिणा की इकोनॉमी बनाया करता है। कृष्ण गोपियों के इलाके से कुछ ही दिन के लिए मथुरा कंस अंकल के 'कंडक्टेड टूर' पर गए थे कि सूर ने 'भ्रमरगीत' के सीन लिख मारे। आज दिन तक बीए एमए के छात्र उन्हें पढ़कर रोते हैं। विचार-प्रलय के संकेत मिलने लगे हैं। कुछ अठारह सौ सत्तावन का माल झाड़-पोंछ रहे हैं। उसे धूप लगा रहे हैं। रंग-रोगन कर रहे हैं। पूरे साल अठारह सौ सत्तावन का रिकार्ड बजना है। डेढ़ सौवीं साल गिरह है। एक सौ उनचासवीं को किसी ने नहीं मनाया। इक्यावनवीं को भी नहीं मनाएगा, लेकिन 'डेढ़ सौवीं' मननी है। ऐसा नियम है कि 'सौ' मनाओ, 'डेढ़ सौ' मनाओ। दशक भी मना सकते हो, मगर 'तीन साल' 'तेरह साल' न मनाना। डेढ़ सौवीं के करोड़ों पर हर वियोगी की नजर है।

कुछ पहले आमिर खान की 'मंगल पांडे' की मूँछों ने अठारह सौ सत्तावन के आइडिया को पकड़ा। जब से डेढ़ सौ की बात चली है, सभाएँ होने लगी हैं। सेमिनारों में 'अखंड सत्तावन' पाठ चल रहा है। साहित्यकार उस काल को या उसके विरह

में लिख रहे हैं और उनकी अग्निगर्भी अँग्रेज़ विरोधी ऊष्मा को देख-देख उष्मित हो रहे हैं। उधर इतिहासकार इतिहास के जंगलों से होते हुए 'जो बहुत बार कहा गया उसे ही बहुत-बहुत बार' ज्यादातर अँग्रेज़ी में अपना-अपना विरह निवेदित कर रहे हैं। हर सेमिनार में विद्वान जन कहते हैं कि अठारह सौ सत्तावन को लोग भूल गए हैं। वह साम्राज्यवाद के ख़िलाफ पहला युद्ध था। आज साम्राज्यवाद ग्लोबल रूप में आया है। उससे सीखा जा सकता है। उस पर विचार होना चाहिए। दूसरा-तीसरा इस विचार शब्द पर आपत्ति करता है और कहता है कि विचार तो बहुत हो लिया पुनर्विचार करना है, चौथा-पाँचवाँ सबको ठीक करता हुआ कहता है कि विचार-फिचार छोड़ो, इतिहास का पुनर्लेखन होना चाहिए। एक स्रोत सामग्री संग्रहालय बनना चाहिए। एक लाइब्रेरी होनी चाहिए। कुछ प्रोजेक्ट लगातार चलने चाहिए। इस महान वियोग के साल में हम हैं ना! इतने दिन तक क्या करते रहे महाराज! कुछ पुनर्लेखन अपने हाथ से कर ही डालते, पुनर्विचार कर ही डालते। किसी ने रोका नहीं था!

बुद्धिजीवी जन इस तरह दूसरों को आइडिया देते हैं कि ये करते रहना चाहिए, वो करते रहना चाहिए। पुनरुर्दन-पुनर्विरह करते रहना चाहिए। करना दूसरों को है। अपुन को तो आइडिया देना माँगता। सत्तावन का विरह अब एक आइडिया है। सरकार ने दिया है सरकार को इतिहास के विरह वियोगियों ने दिया है। करोड़ों विरह के मद में आए हैं।

सत्तावन का विरह काँग्रेसी नेताओं को सता रहा है। मेरठ से दिल्ली के उसी रूट पर दिल्ली के काँग्रेसी जन यात्रा कर उसी सत्तावनी भाव को अनुभव करना चाहते हैं, जिससे उस वक्त के क्रांतिकारी सिपाही गुजरे होंगे। यह रचनात्मक तत्त्व है, क्योंकि अब मेरठ-दिल्ली के रास्ते पर संयोग-वियोग के तमाम आइटम मिलते हैं।

उधर पाकिस्तान की जमाते-इस्लामी हिंदुस्तानी जमाते-इस्लामी मिलकर सत्तावन मनाने को मचल गए हैं। सत्तावन के वियोग ने भारत पाक के कुछ खास लोगों को एक कर दिया है। वे भी पुनर्विचार पुनर्लेखन पर उतारू हैं।

जब से विचार और आचार का वियोग बना है तब से जिसे देखो विचार-विचार, पुनर्विचार, पुनर्लेखन पुनः-पुनः रटता रहता है।

एक साल की कमाई का डौल है। अगले साल फिर किसी की सौवीं डेढ़ सौवीं होगी। परंपराविरही इस देश में एक दिन में पचास जयंतियों पर रोना है।

**हिंदुस्तान : 25 मार्च, 2007**

# कॉमिक कहानी नहीं नर्मदा

सपने बेचना एक कला है और रहेगी। दूसरों के सपनों को उड़ा लेना एक नई कला है, जो विकसित हो रही है। सेलिब्रिटीज इन दिनों दूसरों के सपनों को उड़ा ले रहे हैं। दूसरे के 'फटे में पाँव देना', 'पराई आग में रोटी सेंकना', 'बहती गंगा में डुबकी लगा लेना' सिर्फ गए जमाने के मुहावरे नहीं हैं। वे इस सेलिब्रिटी-चराचर में नित्य लीलामय हैं।

अगर अंधी पीसती है तो कहावत में कुत्ते खाया करते हैं, लेकिन कलजुग में 'सेलिब्रिटी' जीमे जा रहे हैं। कोई सेलिब्रिटी या उसका फैन वैन यानी पंखा-उंखा पढ़ेगा, तो बुरा मान जाएगा कि किस भाषा में बात हो रही है। मगर मुहावरे और लोकोक्तियाँ अपने रूपकों में ऐसी ही होती हैं। उन्हें कहे-सुने बिना अर्थ नहीं निकलता और एक बार अर्थ बना, तो उसमें से आप नहीं निकल पाते।

नर्मदावाले अरसे-से आंदोलन चला रहे हैं। मेधा पाटकर ने इस बार अपनी जान की बाजी भी लगा दी। जब जान की बाजी लगा दी, तो अचानक बड़ी खबर बनी। खबर बनी तो गिद्ध नजरें उठीं और भाँप लिया कि जनता की लोकप्रिय मलाई बन रही है। गला तर कर लो।

तो आमिर खान ने एंट्री मार दी। कमाल की टाइमिंग। कहा कि जरूरत हुई, तो एक्शन भी करूँगा। यहाँ तक वे 'रंग दे बसंती' फ्रेम से भी बाहर आते लगे।

यह प्रोएक्टिव लीला दो दिन रही। ज्यों ही कोर्ट ने फैसला दिया वे पीएम की तारीफ और कोर्ट के फैसले की तारीफ करने लगे। उन्होंने मेधा के बोलने का इंतजार नहीं किया। पहले ही प्रेस कान्फ्रेंस कर डाली। सेलिब्रिटी अपने आगे किसी को क्या मानते हैं?

प्रेस कान्फ्रेंस में गरमी थी। सेलिब्रिटी चेहरे को पसीना बार-बार आता। वे पोंछते जाते। कहते अच्छा हिंदी में पहले बात करें फिर अँग्रेज़ी में करें। वे बाजाफ्ता पोज देकर बैठते।

इस दो दिन के जनहितवादी दौरे में एक नई फिल्म 'फना' भी प्रोमो पाती रही। हर संगीत चैनल उसके गाने देता रहा। परफेक्ट सिंक। 'प्रोमो हो रहा है' इस बाबत एक शब्द नहीं कहा गया। यही तो समूचे प्रकरण की उदात्तता ठहरी। सेलिब्रिटीज

इन दिनों बहती गंगा में डुबकी मारने के चक्कर में रहने लगे हैं। जितने दीन दुखियारे मसले हों, उतने ही सेलिब्रिटीज उन्हें अपनाने लगते हैं। एड्स बँधुआ बाल मज़दूर, बालिका शोषण, पर्यावरण की रक्षा या कि आपदा आदि अभियानों में वे आसानी से घुस जाते हैं। क्षणिक पापबोध इतना ही करा सकता है। सेलिब्रिटी चतुर होता है। जनता ही उनकी माई-बाप है, इसलिए जनता का थोड़ा पैसा जनता पर ही खर्च करना पवित्र काम लगता है।

यों उनकी खुशबू मात्र से मामूली मुद्दा सबके सर चढ़ जाता है। सेलिब्रिटी में एक ग्लैमर होता है। वह जिसे छू लेता है, ग्लैमरित हो जाता है। गरीब परेशान लोग चकित हो गद्गद हो कहते हैं कि देखो तो इतना बड़ा बंदा और अपने इस फटे-टूटे आँगन में आया है। धन्य भाग!

सेलिब्रिटी हस्ती जब भी किसी मुद्दे में घुसती है, उसकी सारी आभा चुरा लेती है। लोग मुद्दा नहीं ग्लैमर का साधारणीकरण देख कीर्तन करने लगते हैं। थोड़ी देर को वे भी हल्के हो जाते हैं।

दक्षिण भारत में सेलिब्रिटीज भगवान बराबर माने जाते हैं। दंगा फसाद तक हो जाते हैं। उत्तर भारत में सेलिब्रिटीज को भगवान नहीं मानते। कारण, हिंदी जनता अंधवादी न होकर परम संदेहवादी है। वह जानती है कि सब पोल है। सो अमिताभ की बीमारी पर भले लोग प्रार्थना करते नज़र आएँ, लेकिन उसके लिए कोई दिल से मरने वाला नहीं। यह अमिताभ भी जानता है कि तुम किसी मुग़ालते में न रहना। ये जनता जितना चढ़ाती है, उतने से ज्यादा उतारती है। तुम महान बनकर कुछ एहसान कर रहे हो। अरे, धंधा है। उसे ठीक से कर लो, लेकिन अबोध सेलिब्रिटीज यह मर्म नहीं जानते। उक्त आचरण को देखकर आमिर की दो फिल्में याद आ रही हैं : 'जो जीता वही सिकंदर' और 'अंदाज़ अपना-अपना'। वे अपनी प्रेस कान्फ्रेंस में कई बार उसी टोन में बोलते लगे। 'जो जीता वहीं सिकंदर' में उनका बड़ा भाई साइकिल रेस हारता है क्योंकि वह छल-प्रपंच नहीं जानता, लेकिन ये छोटा भाई चंट है। जैसे-को-तैसा करके वह रेस जीतकर दिखा देता है। काश! नर्मदा बचाओ ऐसी ही कोई कहानी होती।

'अंदाज़ अपना-अपना' में तो आमिर खान का बाप एक नाई होता है, जिसे वह सपने बेचता रहता है। मुंबई जाने, बड़ा बनने के लिए एक दिन उसकी दुकान ही बेच डालता है, लेकिन नर्मदा आंदोलन कॉमिक कहानी नहीं है। न वह 'रंग दे बसंती' ही है। न 'लगान' है न 'मंगल पांडे' ही। तब क्या करें?

सवाल यह कि नर्मदावालों को आमिर से क्या मिला? आमिर को नर्मदा से क्या मिला? मामला म्यूचुअल फंड जैसा है। नर्मदा वालों को मिला सिंगट्टा। आमिर को मिला 'फना' का प्रोमो। यह लेखक आमिर का प्रशंसक है, मगर अभिनेता का, दो दिन के नेता का नहीं।

**हिंदुस्तान : 23 अप्रैल, 2006**

# महाकवि लल्लन और काव्या

एक हैं काव्या। एक हैं लल्लन। एक हैं उपन्यासकारा। नाम काव्या है। गद्यकारा। लल्लन एक घरेलू घिसा हुआ नाम है। हर घर में एक लल्ला लल्लन हुआ करता है। लल्लन हैं महाकवि। महाकवियों के भी महाकवि! जिन दिनों में कविता के दाम नहीं उठते। पाठक नहीं मिलते। उन दिनों कविता करते हैं।

काव्या अमरीका में रहती हैं। हारवर्ड में पढ़ी हैं।

अपने लल्लन दिल्ली के स्कूटर वाले हैं। मैं सच्ची कै रिया हूँ वाली हिंदी से लगता है कि पुरानी दिल्ली के किसी कूचे में रहने वाले हैं। जो दिल्ली के स्कूटर वालों को जानते हैं, वे अच्छी तरह जान सकते हैं कि उनकी प्रतिभा कितनी मौलिक होगी। स्कूटर वालों की प्रतिभा उनके स्कूटर के पीछे लिखी विराजती है। जहाँ 'निक्की ते पम्पी दी गड्डी' से लेकर 'डुबोया मुझको अपनों ने, गैरों में कहाँ दम था? मेरी किश्ती वहीं डूबी, जहाँ पानी कम था।' वाले दो लाइन छाप शेर किसी महाकाव्य से कम हैसियत नहीं रखते, तो अपने लल्लन अपनी महान परंपरा के अनुसार रोज नई और नितांत मौलिक कविता लिखा करते हैं। काव्या नितांत अमौलिक हैं। उनके ऊपर आरोप है कि उन्होंने दूसरों का माल मारकर अपने उपन्यास 'ओपल मेहता की चुंबन फुंबन आदि लीलाएँ' में डाल दिया। उपन्यास के अच्छे दाम भी मिल गए। मगर दुश्मनों ने निकाल तो दिया कि ये छोरी तो महाचोट्टी है। दूसरों का माल अपने नाम से चलाना चाहती है। नतीजा किसी प्रकाशक ने किताब की बिक्री रोक दी। दुकानों से वापस ले ली। काव्या के दूजे उपन्यास को भी लौटा दिया गया। काव्यात्मक नियम है : लेखक, लेखक की तरक्की नहीं देख सकता।

अपने लल्लन ओरिजिनल काव्यटेक बनाते हैं। अपनी आवाज में ही बयाँ करते हैं। दुश्मन उनके भी हैं उनकी हर लाइन पर टोका-टोकी करने वाले एक पिल्लन महाशय हैं लल्लन जब भी अपनी महाकविता को अति ही तीखी गली छाप आवाज में सुनाते हैं पिल्लन तुरंत उनकी खिंचाई कर डालते हैं। दोनों में प्रायः तू-तू मैं-मैं होकर रहती है।

काव्या और लल्लन दो रचनात्मक कैरीयर हैं, जो एक ही समय में बन रहे

हैं। एक शुरू होते ही खत्म कर दिया गया। एक अभी मोरचे पर डटा हुआ है। एक बनकर बिगड़ गया एक अभी पूरे दम-खम से कविता कर रहा है। आप उनकी कविता को रचनावली में बदलने के लिए उसी भाँति संकलन कर सकते हैं, जिस भाँति तुलसी सूर की वचनावलियों को रचनावली बनाने वालों ने किया। वे रेडियो मिर्ची के कवि हैं। उनकी कविताएँ मिर्च की तरह चाट-पकौड़ी में अनिवार्य हैं।

लल्लन नकल नहीं करते। वे दैनिक समस्याओं पर कविता लिखा करते हैं, जो स्कूटर चलाते-चलाते उनके दिमाग में आती हैं, उन्हें वे ढाबे पर बैठकर पिल्लन आदि के सत्संग में सुनाते हैं। इस तरह वे देश और काल से जुड़े कवि हैं। जितने वे जुड़े हैं हिंदी का कोई भी कवि नहीं जुड़ा।

हिंदी के कोई सौ-सवा सौ कवि दिल्ली में रहते हैं उनके घरों में भी इन गर्मियों में बिजली नहीं आती होगी, पानी की किल्लत होगी लेकिन किसी हिंदी कवि ने आज तक दिल्ली में बिजली-पानी की किल्लत पर एक लाइन नहीं लिखी। लल्लन लिखते हैं और ठोक के सुनाते भी हैं।

एक दिन उन्हें गरमी की तपती दुपहरी में सवारियाँ न मिलने का मलाल हुआ। सोचा कि आज वे युवा जोड़े कहाँ गए? बहुत सोचा। विचार पक्ष स्ट्रांग किया। फिर भावात्मक पक्ष को कसा और एक कविता ठोकी कि आज अगर दिल्ली के पार्कों में सड़कों पर युवा प्रेमी जन नहीं दिख रहे, तो गए कहाँ? उत्तर दिया कि वे मॉल्स में चले गए होंगे। एसी में...सड़क पर तो आग बरसती है न! संदेश निहित रहा कि प्रेमीजन मॉल्स जाएँ। लल्लन का स्कूटर तैयार है।

एक दिन जब लगा कि पानी की किल्लत है, तो रोने लगे। पिल्लन बोला कि अबे ठहर बाल्टी तो ले आने दे...।

हल्के-फुल्के दर्दीले चुटीले प्रसंग उनकी कविता का आलंबन बनते हैं। सीन में उनके आने से पहले ही हल्ला हो जाता है कि महाकवि लल्लन आ रहे हैं...

ऐसे ही एक महाशायर रेडियो सिटी पर हो गए हैं। बब्बर शेर कहने वाले। वे जब आते हैं तो उनकी तारीफ में बहुत कुछ कहा जाता है। वे आकर एक चुटीला शेर मारते हैं और सब वाह-वाह करते हैं। शेर सड़क छाप होता है। लेकिन होता घोर यथार्थवादी है। एक बार उनके मुखड़े ने कहा कि उसकी नई गाड़ी जब पास से सर्र से निकलती है तो सोचता हूँ कि पूछूँ मैडम किश्त कितनी जाती है? अफसोस हिंदी साहित्य में अपनी दिल्ली की ज़मीन से बुरी तरह जुड़े क्या, चिपके हुए इन प्रतिभाओं को कोई नहीं पहचनाता। अगर ये अमेरिका में हों तो मजाल है कि वहाँ कोई इन पर नकलची होने का, चोर होने का आरोप लगा दे?

**हिंदुस्तान : 7 मई, 2006**

# जोर का झटका धीरे से

समाज तीन तरह का है : एक 'सुरक्षित' है। एक है 'आरक्षित'। एक वह भी है, जो न 'सुरक्षित' है न 'आरक्षित' है बल्कि शुरू से आखिर तक 'अरक्षित' है।

सुरक्षित सुरक्षा कर लेता है। आरक्षित लाइन में लग जाता है, जो लाइन से बाहर रह जाता है, वह अरक्षित होता है। मसलन औरतें, धार्मिक अल्पसंख्यक समूह और सबसे कमजोर वे जिन्हें अपनी जात-धर्म का लाइसेंस कभी मिला ही नहीं।

विद्वान् और सरकार विचार करने में लगे हैं कि आरक्षण या कोटा लागू करने के बाद सुरक्षितों के लिए सीटें बढ़ाने का खर्चा-पानी कितना बैठेगा? अगर सरकार को सुरक्षित रहना है, तो आरक्षण करना ही होगा। सुरक्षण और आरक्षण की डाइलैक्टिक्स ऐसी ही है।

आरक्षण के इस महान युग में सरकार आने वाले बजट में खर्चे-पानी की व्यवस्था करने की बात कर रही है, लेकिन हिंदी साहित्य में सन्नाटा पसरा पड़ा है। दलित लेखकों के एक छोटे समूह ने ओबीसी आरक्षण के बाबत पक्ष-विपक्ष लेने का काम किया है। एकाध सवर्णवादी ने भी कलम चलाई है। लेकिन सुरक्षित वर्ग के ज्यादातर लेखकों ने इस मसले को लिफ्ट ही नहीं दी। अजीब बात है न!

वे साहित्य को समाज का दर्पण मानते हैं। उनकी हर कृति में समाज का सत्य पसरा पड़ा होता है। वे हमेशा यथार्थ को पकड़ते-जकड़ते हैं। क्रांति का संदेश देते हैं। वे जनता से जुड़े होने का दावा किया करते हैं। लेकिन जब जनता का एक हिस्सा छात्रों के रूप में दो सप्ताह से ज्यादा एक्शन करता रहा हो या कि आरक्षण वाले महापंचायत करते रहे हों, तब एकाध को छोड़कर सुरक्षित वर्ग के लेखक की कान पर जूँ तक नहीं रेंगी। एकाध पत्रकार ने जरूर कलम चलाई, मगर सृजनात्मक लेखक चुप ही लगाए रहे।

चुप लगाना बेहतर नीति है? हम जानते हैं कि चुप्पी की भी एक राजनीति होती है। वे तब बोलेंगे, जब वी पी सिंह की तरह कोई नए आरक्षणवादी नायक एक दिन कवि बनने के लिए काव्य संकलन निकालेंगे। उन्हें तब कालिदास-भवभूति कहकर कोक, पेप्सी, काफी का सेवन करेंगे।

आरक्षण से उन्हें कोई परेशानी नहीं। वे इसे भी साहित्य से बाहर का आइटम

मानते हैं, लेकिन यह तो वो घटना है, जो पिछले दो दशकों से यथार्थ को, उसकी प्रस्थापनाओं को बदल रही है। साहित्य इस बदलाव से कब तक अछूता रह सकता है?

दलितों को आरक्षण अरसे से लागू है। उनका दलित विमर्श पिछले दस-पंद्रह सालों में हिंदी में प्रकट हुआ है। उनके चिंतकों ने हिंदी साहित्य के इतिहास को संदिग्ध कहना शुरू किया है । वे प्रेमचंद को अपना विश्वसनीय प्रतिनिधि नहीं मानते। कबीर को दलित अपने लिए रिज़र्व रखना चाहते हैं। यह विमर्श डॉक्टर धर्मवीर ने चलाए हैं, जिनका अभी तक कोई तर्कपूर्ण जवाब नहीं दिया गया है। हाँ, उनकी निंदा जरूर की जाती रही है। अब मैदान में आ रहा है ओबीसी विमर्श। कुछ दिन तो उसे पकने में लगेंगे। फिर वे दलितों की तरह ही साहित्य में अपनी जगह तलाशेंगे, तब क्या होगा? सत्ताईस फीसदी जगह और चली जाएगी। अनुसूचित जाति और जनजाति की साढ़े बाईस फीसदी जगह जा चुकी है अब सत्ताईस फीसदी और गई समझिए। तब उस इतिहास का क्या बनेगा, जिसे शुक्ल जी ने लिखा? जिस पर हिंदी वाले नाज़ करते हैं। देखते-देखते वह आधा रह जाएगा, उस पर कोई भरोसा नहीं करेगा! इसे मजाक न समझा जाए। अस्मितामूलक विमर्श जब भी बनेंगे, वे इसी तरह बनेंगे। वे अपने दावे करेंगे। नेता भले वोट के लिए उन्हें बनाएँ। वे बनने के बाद सत्ता का हिस्सा माँगेंगे। और तय मानिए कि दलित तो आरक्षण तक ही सीमित रह गया। ये सत्ता में आए तो लालू या मुलायम की तरह टिकेंगे और आपके फटे-टूटे इतिहास को 'ठीक' कर देंगे।

हे पाठक! महान समाजवाद का सपना तो बचा नहीं। समाजवाद में यकीन करने वाले, वर्ग संघर्ष में यकीन करने वाले प्रगतिशील लोग जाति की कोटि में यकीन करने लगे हैं। ऐसे में प्रेमचंद का प्रगतिशील आंदोलन तो गया काम से। जाति-विमर्श के आते ही उसकी महानता की क्रमवारता टूट-फूट जाएगी।

और हे महान कथित रूपवादी मित्रो आपका तो भगवान ही बेली होगा? सुपर ऐलीटिज्म में रहते हुए आप तो ब्राह्मणों के भी ब्राह्मण बनते रहे। नीचे उतरे ही नहीं कभी। ये तमाम जन आएँगे तो आपके साहित्य का कैसा मलीदा बनाएँगे?

ये तो वो जोर का झटका है, जो फिलहाल धीरे से लग रहा है। सुरक्षित वर्ग वाले अपनी दुकान को मॉल में बदल लेंगे। आरक्षित अपनी दुकानें खोल लेंगे, लेकिन 'अरक्षितों' को क्या मिलेगा? औरतें आरक्षण लेंगी, तो शुक्ल जी के इतिहास में कितने पन्ने बचेंगे? अल्पसंख्यक लेंगे, तो कितना बचेगा?

तो हे साहित्यकारो! विमर्श का महान क्षण आ पहुँचा है। इतिहास से बाहर होने से पहले थोड़ा सोच-विचार लो कि किस तरह से इस उत्तर आधुनिक कूचे से विदा होना है और आगे किस आधुनिक महानता में मरना है?

**हिंदुस्तान : 4 जून, 2006**

# एक उत्तर-आधुनिक प्रेमकथा

फिल्मों से लेकर साहित्य तक में प्रेम पर टनों लिखा-कहा गया है और लिखा-कहा जाता रहेगा। लेकिन जो प्रेमकथा बिहार ने दी, प्रोफेसर मटुकनाथ ने दी, वह नई कहानी, अकहानी, प्रगतिशील जनवादी इत्यादि नस्लों का खात्मा करने वाली नज़र आई। वह पटना दिल्ली पटना के रूट पर बनी। श्री मटुकनाथ स्वयं हिंदी के प्रोफेसर हैं, जो भावी प्रेमी हैं और शायद प्रेमिका भी हिंदी साहित्य की है। यही नहीं, दोनों के तार दिल्ली के एक केंद्रीय विश्वविद्यालय से जुड़े बताए जाते हैं। वे वहीं पढ़े-लिखे हैं इसलिए हिंदी वालों के बीच यह प्रेमकथा न केवल चर्चा का बड़ा विषय बनी रही है, बल्कि फोकटिया मनोरंजन का विषय भी रही है।

जिस तरह का अखंड अविरल और अडिग प्रेमाख्यान चैनल पर लाइव देखा गया, सबके सामने 'पति पत्नी और वो' सब मिलकर सवाल-जवाब करने लगे, उससे लगा कि नई कहानी का युग अपने बचेखुचेपन के साथ ही खत्म हो गया। उसकी जगह एक नितांत नई उत्तर-आधुनिक प्रेमकथा आ गई है, जिसने हिंदी साहित्य के सारे कथाकारों को बासी कर दिया है। याद नहीं पड़ता कि पति, पत्नी और थर्ड पार्टी का इस कदर आमना-सामना कराने वाले कथाकारों ने ऐसे जिंदा सीन बनाए हों, जिनमें पत्नी पति से सवाल-जवाब करती हो, पति हा हा हा हा करके जवाब देते हों। ऐसी हर कथा के फलस्वरूप बीवी-बच्चों को अपार दुःखों और अपमानों का भागीदार होना पड़ता है, ऐसे प्रेम की ओट में मर्दवादी संस्कार उदात्तता का बानक धरने लगते हैं। एक स्त्री का प्रेम दूजी को बेघर कर डालता है, तनाव देता है और बच्चे बर्बाद हो जाते हैं। वह सबके सामने बयान की तरह रहता है और किसी भी मर्यादा-फर्यादा की चिंता किए बिना अपना पक्ष रखता है जैसे हिंदी के फिल्मी गाने रखते आए हैं। कानून का उसे डर नहीं, लोगों का उसे भय नहीं।

ऐसी परम प्रेमावस्था लैला-मजनूं तक को नसीब नहीं थी। पुराने प्रेमी दीवाने पागल कहाते थे, नया प्रेमी केलकुलेटेड है, सूझा-बूझा है और जानता है कि वह जो बोल रहा है उसका क्या असर होने जा रहा है। वह किसी भी बड़े अभिनेता जितना परफॉर्मर है, जो प्रेम की परफॉरमेंस दे रहा है, उसे एक आइटम की तरह प्रेज कर

रहा है। सिर्फ इस आइटमबाजी के लिए हमें उस प्रेमी-प्रेमिका के जोड़े को धन्यवाद देना होगा और पत्नी के प्रति पति के अन्यायकारी पक्ष को नज़रअंदाज़ न करते हुए भी, इस जिंदा कथा को तात्विक रूप से इस तरह देखना होगा कि यह प्रेमकथा मार्किट में आकर किसका स्टॉक ऊपर करती है। प्रेम के कथित मिथ का या कि चैनल का? चौराहे पर यानी चैनलों में आराम से बैठकर प्रेम चर्चा करना प्रेमी की नज़र में कितना ही 'आध्यात्मिक' हो ऐसा हर आइटम होता टीआरपी बढ़ाने का एक आइटम भर है। होता इतना भारी है कि प्रेमीजनों को जरा कवरेज मिल जाता है, जिससे उन्हें अगले रोज सब जानने लगते हैं और उनके बारे में भली-बुरी चर्चा करते रहते हैं वे इस तरह चर्चा में आ जाते हैं। लेकिन कुछ दिन बाद यह कथा या ऐसी कथाएँ उसी तरह बिना निशान के उतर जाती हैं जिस तरह कोई ब्रांड पंद्रह दिन की जिंगल देकर स्मरण से बाहर हो जाता है और उसकी जगह नया ब्रांड उसका नया स्लोगन आ जाता है या जिस तरह बी ग्रेड की मूवी बड़ी मूवीज की भीड़ में खो जाती है या एक गाना दूसरे के लिए जगह छोड़कर बिला जाता है।

ऐसे में इस प्रेम का आख्यान भूतकाल में नहीं हो सकता है। नितांत वर्तमान में ही हो सकता है। निरंतर और नितांत वर्तमान बनाना एक नया उत्तर-आधुनिक कलात्मक उद्यम है, जो इस बार लिखा नहीं गया, किया गया। यह भी सच है कि लिखने से अधिक परफॉर्म करना भी एक उत्तर-आधुनिक है।

आप उसमें एक हाइपर रीयल एक अतिचलित यथार्थ बनता पाते हैं जो कहीं ठहरता नहीं, न ठहरने देता है। हर बार वह अपने संदर्भ बदल डालता है, संदर्भ स्थिर नहीं रहते। और मित्रो यह कतई इत्तफाक नहीं है कि ऐसी कथाएँ न तो फिल्मों में अभी बनती हैं न टीवी की पटकथाओं या सीरियलों में बनी हैं न अखबारों में पत्र-पत्रिकाओं में छपी हैं, क्योंकि हिंदी के पिछड़ गए आधुनिकतावादी कथाकारों को नहीं मालूम है कि रचना को रूपंकर किस तरह बनाया जाए कि वह हर बार नितांत वर्तमान में बने। वर्तमान ही बनाए और वर्तमान में ही अपने पाठक अपने पाठ को संभव करता रहे। उसका सतत वर्तमान संस्कार बन यह काम टीवी ही कर सकता था। क्योंकि वह सतत वर्तमान का माध्यम है। एक उत्तर-आधुनिक माध्यम है।

प्रोफेसर की प्रेम कथा को भी एक वस्तुगत आख्यान की तरह पढ़ा जाना चाहिए ताकि उसके लक्षणों को पहचाना जा सके और हिंदी के जैनेंद्रीय त्रिकोणी प्रेम नाटक की जगह रिस्की किस्म की ऐसी कथाओं का उत्तर समाजशास्त्र समझा जा सके।

**हिंदुस्तान : 16 जुलाई, 2006**

# बाकी रह गया अंडा

पंद्रह अगस्त आजादी का दिन है। इस दिन पढ़े-लिखे लोग स्पेशली रोते हैं। इतने साल हो गए देखो क्या हालत है? ऐसे वचनों को सुन-पढ़कर लगता है कि कई के लिए आजादी एक सज़ा की तरह है। सब कहते हैं आजादी अब एक मानव तक नहीं रही। ऐसा सोचने वालों का भाव भर देने वाला मानते हैं। वे सोचते हैं कि वह 'भाव' अब क्यों आया? देश-सेवा, देश-भक्ति का जुनून सवार क्यों नहीं होता? पढ़े-लिखे लोग अक्सर निराशावादी बातें करते दिखते हैं। कोसने के लिए पंद्रह अगस्त या छब्बीस जनवरी से बेहतर दिन नहीं हो सकता।

हिंदी का मीडिया पंद्रह अगस्त मनाने को उसी तरह अभिशप्त होता है, जिस तरह सरकार के विभाग होते हैं। वे आंदोलन करते हैं। छुट्टी रखते हैं। लाल किले से पीएम को भाषण की सुर्खियों में देख, घर में बैठ गाने या फिल्में देखते हैं या पंद्रह अगस्त के आजू-बाजू के एकाध दिन को लपेटकर दो-तीन दिन के लिए मौज-मस्ती करने या तीर्थ निकल जाते हैं।

बच्चे स्कूलों में एक दिन पहले पंद्रह अगस्त मना चुके होते हैं। वे काग़ज के तिरंगे प्रिंसिपलों, चेयरमैनों, लोकल पार्षदों, नेताओं के स्वागत में हिलाते, जन-गण-मन गाते, पसीने-पसीने होते हैं। सब होता है। लेकिन 'आजादी' के जमाने वाला 'जोश' नहीं होता। यह एक शाश्वत शिकायत है। शिकायत करने वाले आजादी को एक ऐसा आइटम मानते हैं, जिससे पूरा पैसा वसूल नहीं हुआ।

हमारी पीढ़ी ने इसके लिए कुछ खर्च नहीं किया। जिन्होंने किया, वे चले गए। वे स्वाधीनता संग्राम के 'सेनानी' बताए जाते हैं। वे अक्सर पंद्रह अगस्त के दिन टीवी पर बिठा दिए जाते हैं। वे पुराने दिनों का घिसा-पिटा रिकॉर्ड बजाते हैं। उनकी आँखों के चश्मे मोटे होते हैं। चेहरे पर झुर्रियाँ होती हैं। वे किसी बड़े आंदोलन में शामिल हुए हैं, ऐसा किताबों से पता नहीं चलता, वे बयालीस में जेल गए होंगे। ऐसी ख़बर मिलती है। बयालीस का आंदोलन लोगों के दिमाग से निकल चुका है। सो उनके जेल जाने की सार्थकता सफल नज़र नहीं आती। घर में बच्चे 'फटाक'

फिल्मी चैनल सर्फ करते हैं या सीडी, वीसीडी, डीवीडी किराए पर लाकर अपने पसंद की फिल्म या गाने सुना करते हैं। आजादी पतली हो गई है।

वह नागार्जुन की कविता आजादी के उतार को जरा मजाहिया अंदाज से यों पेश करती है।

**पाँच पूत भारत माता के, दुश्मन था खूँखार।**
**गोली खाकर एक मर गया, बाकी रह गए चार।**
**चार पूत भारत माता के चारों चतुर प्रवीन।**
**देश निकाला दिया एक को बाकी रह गए तीन।...**
**इस कविता के अंत में आता है 'बाकी रह गया अंडा'**

यह आजादी की लड़ाई की शॉर्टेस्ट हिस्ट्री है। बड़े कामों के बाद 'बाकी अंडा' रह जाता है। जब आखिर में 'अंडा' रह जाता है तो आदमी निराश होता है। यह अपने बुद्धिजीवी वर्ग की मानसिकता है। जो लोग इस आजादी को लेकर रोते-कलपते हैं वे इसी पचास-साठ साल की यात्रा में गए मध्य वर्ग के हिस्से बने हैं। वे अपनी सफलताओं को जेब में रखकर फिर से रोने लगते हैं। देखो इस देश को क्या बनाया है? भाई देश ने आपको तो बनाया, जरा अपने को तो देखो। फिर बोलो, लेकिन हिंदी वालों का मिजाज 'चिर रुदन' ब्रांड है। रोतेला है। आप तीनों लोकों की सम्पदा दे दो तो भी खुश होने वाले नहीं। हिंदी में 'थैंक्यू' नहीं होता।

आजादी का भाव रूपांतरित हो गया है। होता ही। अब आजादी एक दी गई स्थिति है। वह एक 'स्टार्टिंग प्वाइंट' भी नहीं दिखती। पचास-साठ साल बाद भी अगर आप सैंतालिस को ही सारे वर्तमान का रेफरेंस या 'स्टार्टिंग प्वाइंट' मानेंगे तो आपका रोना तय है। आपने आजादी को एक रूमानी मिथ की तरह माना है। एक कामधेनु की तरह कल्पवृक्ष की तरह माना है। आजादी फ्री में नहीं मिलती है, न उसे कोई एंज्वॉय कर सकता है। वे संघर्ष के दिन थे। ये सुख के दिन हैं। दुःख भी है तो 'सेल्फ-मेड' है। आजादी का भाव जब वातावरण बन जाता है तो हवा में, पानी में मिल जाता है। यही अच्छा है। पंद्रह अगस्त के आसपास और उस दिन खास, आप दिल्ली में, या अपने शहर में पतंगों का उड़ना देखें। बच्चे-युवा, यहाँ तक कि प्रौढ़ भी पतंगें उड़ाते नज़र आते हैं। पतंग आजादी का प्रतीक है। बंधन भी है। आजादी भी है। पेंच, वोक्काटा भी है। ऊँचाई भी है। रंगबिरंग भी है। पुंछल्ला भी है। जमुना के किनारे पतंगें झुग्गी वाले उड़ाते हैं। यह असली आजादी है। थोड़ी ज़मीन पर है, थोड़ी आकाश में है। कल्पना में है, लेकिन एक पल की है। आजादी 'रूवंतर' है, बच्चे, पतंगें, डोर और झंडियाँ आजादी हैं।

बाकी, इसके पहले और इसके बाद जो बचता है वह 'अंडा' बचता है। मगर अंडे में भी जीवन होता है।

**हिंदुस्तान : 13 अगस्त, 2006**

# झगड़ा शब्दार्थ का है

एनसीईआरटी की हिंदी की एक पाठ्य-पुस्तक में शामिल हिंदी कवि धूमिल, पंजाबी कवि पाश और एक दलित लेखक के टेक्स्ट में कुछ शब्द कुछ सांसदों ने भी 'आपत्तिजनक' महसूस किए। ये असंवैधानिक कहे गए हैं। इस बात का संकेत पाठ्य-पुस्तक में भी यथास्थान किया गया है। तो भी ये शब्द आपत्तिजनक माने गए। भाजपा सांसदों ने आपत्तिजनक माना। कुछ वामपंथी सांसद भी ऐसी ही बात करते पाए गए।

साहित्य के पाठों की अनंतता, पाठ की स्वतंत्रता और पाठ प्रक्रिया में अर्थ की निर्माण क्रिया के बारे में पिछले दो-तीन दशकों में बहुत सी नई अवधारणाएँ स्वीकृत हुई हैं। उनमें एक 'टेक्स्चुअल' से 'इंटरैक्चुअलिटी' की ओर जाना है, तो दूसरी ओर 'रीडर रेस्पोंस' सिद्धांत है, तीसरी तरफ देरिदा की विखंडनवादी 'पाठ-रणनीति' है, लेखन की 'प्राथमिकता' है, अर्थ का सतत संचरण है, शब्द के अर्थ का सतत संचरण है, शब्द के अर्थ का सतत अस्थिर रहना है। उधर चिह्न-विज्ञान ने शब्द के अर्थ के निर्माण की अनेक सार्थक प्रविधियाँ विकसित की हैं। साथ ही अस्मितामूलक विमर्शों ने शब्दों के अर्थ निर्माण में लिंगभेदी, जातिभेदी, नस्लभेदी, धर्मभेदी अस्मिताओं ने विमर्शों का अवसर दिया है। मिशेल फूको के 'सत्ता और ज्ञान' के जटिल विमर्श ने इतिहास और समाजशास्त्र के पाठ को परंपरागत पाठ की तरह लेने वालों को संकट में डाला है। सबाल्टर्न और नव्य इतिहासवाद ने इतिहास को लिखने-पढ़ने के नए और कुछ सार्थक तरीके बताए हैं।

एकदम ताजा उदाहरण : एक सिख युवा ने शोहदों द्वारा छेड़ी जाती लड़की को बचाना चाहा। शोहदों गुंडों ने उसके केश काट डाले। अरसे तक घटना दर्ज़ नहीं की गई। तब सिख समुदाय ने सड़क पर उतरकर आंदोलन करना शुरू किया और धार्मिक पहचान पर की गई चोट को मुद्दा बनाया। कानून के पाठ में यह घटना एक छेड़छाड़ की घटना की तरह पढ़ी जा सकती है। लेकिन जब उसका अस्मितामूलक पाठ शुरू हुआ तो अर्थ बदले। अपराध 'अपमान' बना। अपमान बना

तब ध्यान गया। प्रशासन हरकत में आया। कानून की धारा तो अब भी लगी। वह फिर पाठ को फिक्स कर देगी। मुकदमा होगा। इत्यादि।

हम 'एक अर्थवादी' होकर सोचें तो हमें 'कानूनी' अर्थों तक महदूद रहकर राज्यसत्ता के 'एक निरंकुश अर्थ' को मान लेना चाहिए। उधर भाषा और शब्दों का नया जनतंत्र कहता है कि शब्दों के अनेकार्थ स्वीकार किए बिना जनतंत्र का विस्तार नहीं हो सकता। एनसीईआरटी ने उन असंवैधानिक शब्दों को असंवैधानिक मानते हुए भी अगर पाठ में रखा है, तो उसका कारण है। लेकिन यह कारण शब्दार्थ मीमांसा के, पाठ-मीमांसा के नव्य समीक्षावादी तरीकों से समझ नहीं आ सकता। नव्य समीक्षा या कहें हमारी आभ्यंतरीकृत समीक्षा बुद्धि, हमारा सहज विवेक शब्द के 'निश्चित अर्थ' एक अर्थ से ही तसल्ली पाता है, यह आसान है। लगता है सबको स्वीकार्य है मगर नहीं होता। नए ग्लोबलाइजेशन ने, नए पाठ-विमर्शों ने नव्य समीक्षावादी दृष्टि को बेकार सिद्ध कर दिया है। कुछ पहले अनुसूचित जाति एवं जनजाति के एक अध्यक्ष ने तुलसी की मानस से 'ढोल गंवार शूद्र पशु नारी। ये सब ताड़न के अधिकारी' पंक्तियों को निकालने, ऐसे अन्य 'टेक्स्ट' को निकालने की बात कही थी। लेकिन टेक्स्ट में कोई परिवर्तन कर देने का अधिकार तो सिर्फ तुलसीदास ही दे सकते थे। देरिदा तो 'अनुवाद' तक को 'लेखन' मात्र मानते हैं। अनुकृति भावानुकृति इत्यादि नहीं मानते। अस्मितामूलक का दलित दावेदार दलित जीवन को अपमानजनक तरीके से संबोधित करने के तरीके का उचित विरोध करता है, लेकिन उसके दलित होने का वास्तविकता में बताने वाले जातिमूलक शब्द यदि तुरंत हटा दिए जाएँ तो दलितों के समूचे विमर्श के कारक, आलंबन ही खत्म हो जाएँगे। मनुस्मृति की आपत्तिजनक पंक्तियाँ हटा दी जाएँ तो वह एक आदर्श हिंदू टेक्स्ट बन जाएगा। मगर क्या वाकई? क्या जाति इतनी सतही श्रेणी है कि शब्द को शब्दकोश से हटाने मात्र से जातिभेद, जाति-विमर्श मिट जाएँगे? तब तो मैक्स वेबर जैसे समाजशास्त्री ने व्यर्थ ही श्रम दिया। सिर्फ कुछ शब्दों को सेंसर करने से काम चल गया होता—'धर्म' शब्द पर प्रतिबंध लगा देने से सब वैज्ञानिक सोच वाले हो गए होते। यदि न सोचा जाएगा तो जो सत्ता में होगा वह अपने विपरीत विमर्श, पाठ को ठिकाने लगाने की कवायद करता रहेगा। कभी भाजपा वर्ग के संगठनों ने एनसीईआरटी की किताबों पर रोक लगाई और प्रतिक्रिया में दूसरों ने भी यही काम किया। दोनों ने शब्द के अर्थ की अनंत लीला को नकारा और समस्या फँसी रही। एनसीईआरटी ने एक प्रयोग किया है। इसमें नया सोच है। इस पर अनुशासन करने की आवश्यकता नहीं। आवश्यकता है तो अपने-अपने राजनीतिक ढाँचों को अपडेट करने की है।

**हिंदुस्तान : 27 अगस्त, 2006**

# साहित्य में 'एक्सपायरी डेट'

दवाइयों की 'एक्सपायरी डेट' होती है साहित्य की नहीं होती। होने लगे तो बेहतर हो। कम-से-कम एक्सपायरी डेट के बाद के साहित्य को फेंकने, नष्ट करने की सुविधा रहे। आप एक्सपायर्ड डेट वाली कविता को, कहानी को, उपन्यास को फेंक दिया करें। दिमाग से भी फेंक दिया करें। यों भी फेंकना पड़ता है। डेट मालूम हो तो उसके ख़तरनाक उपयोग से बचा जा सकता है। डेट देखकर आदमी सावधान हो सकता है। नुकसान से बचा जा सकता है।

बीमारी साहित्य संस्कृति की है। जो अर्द्धसाहित्यिक जन हैं, वे गलती कर जाते हैं। जोश में पुरानी दवा खा जाते हैं। साहित्य तो डेटिंग का धोखा करता ही रहता है। साहित्यकार मैन्युफैक्चरिंग डेट तो डालते हैं, लेकिन एक्सपायरी हजम कर जाते हैं। वे समझते हैं कि इस नश्वर जगत में सिर्फ साहित्य अमर है। हिंदी में अमरता की व्याधि लाइलाज-सी है, सर्वत्र है। जो अपने जीवन काल में ही एक्सपायर हो गया, वह तक कहता है कि मेरी एक्सपायरी डेट नहीं निकली है। ऐसे ही साहित्य के पढ़ने वाले हैं। पढ़ने वाले भी : साहित्यकार ही हैं, सो वे अक्सर एक्सपायर्ड किस्म के साहित्यिक आइटमों को प्रासंगिक-प्रासंगिक कहकर स्वयं को प्रासंगिक कहते रहते हैं। वे एहसास दिलाते हैं कि जब सौ सवा सौ साल पहले वाला वो एक्सपायर नहीं हुआ, तो हम भी क्यों हों? वे एक्सपायरी डेट की जगह प्रासंगिक की चिप्पी लगाकरकाम चलाते हैं।

राष्ट्रगीत रिजर्व में पड़ा था, उसकी एक्सपायरी डेट कब की निकल चुकी थी अचानक किसी को सूझा कि उसको देशभक्ति के नुस्खे की तरह पेल दिया जाए। लेकिन दवाइयों की एक्सपायरी डेट देखकर खाने के आदी जब डेट देखने लगे, तो मालूम पड़ा कि ये दवाई का फार्मूला अपने जन्मकाल से ही विवादित रहा है।

कुछ लोग तो देशभक्ति के पुराने नुस्खे की एक्सपायर्ड दुकान तक लगाए बैठे रहते हैं। उनके सामान अपनी डेट खो चुके हैं, लेकिन वे देशभक्ति आदि की चिप्पी लगाकर काम चलाते हैं। यही उनके नए समय में नए नुस्खे हैं और इस धंधे में भी स्पर्धा है। कथित सेकूलराया बंदा भी एक्सपायर्ड डेट की देशभक्ति के बाज़ार में स्पर्धा कर रहा है। जोश में आकर एक ने देशभक्ति की एक्सपायर्ड दवा को पल्स पोलियो अभियान में बदल दिया।

वन्देमातरम् कभी मैन्युफैक्चर हुआ था। सौ साल हो रहे थे कि सेकूलराए बंदों को लगा कि प्रासंगिक की चिप्पी लगा दो और उजड़ते देशभक्ति के खेत में जबर्दस्ती रोप दो। फिर कहो कि जो चाहे ले। जो चाहे न ले। जिन दिनों देशभक्ति की एक्सपायरी डेट आ चुकी हो, उन दिनों देशभक्ति का जरा नया मॉडल बाज़ार में डालना चाहिए। पुराने को रिकॉर्ड के लिए रहने देना चाहिए। फिर सबकी ऐसी परीक्षा लेने का हक़ किसी को नहीं कि पूछे कि अगर तुम देशभक्त हो तो वन्देमातरम् की ये गोली खाकर दिखाओ। ऐसे सीन भयानक होते हैं। आप सामान्य सहज देशभक्त मुसलमान बच्चों को पकड़ लेते हैं और बेबस उनसे गवा डालते हैं। प्रमाण रूप उन्हें मीडिया में दिखाते हैं अपनी और बगलें बजाते रहते हैं कि देखो हमारे होते दो मिनट की देशभक्ति तो हुई न! अगर देशभक्ति एक तमाशा बनाई जा रही है, तो उसे फिर तमाशा ही बनाइए तब उसे दवा की तरह न चलाइए। एक्सपायरी डेट न देखने वाले ऐसा ही करते हैं अल्लम-गल्लम जो मिले, उसे बच्चों को खिलाकर मानते हैं। खिला दी। खुश हो गए। बहुत पहले हिंदी कवि रघुवीर सहाय ने राष्ट्रगीत की एक्सपायरी डेट बता दी थी। पढ़े-लिखे पढ़ लेते तो एक्सपायर्ड माल पर बावेला न मचवाते। 'आत्महत्या के विरुद्ध' नामक अपने काव्य संग्रह में रघुवीर सहाय की 'अधिनायक' नामक वह महान कविता छोटी-सी है और इस तरह है :

**राष्ट्रगीत में भला कौन, वह भारत भाग्य विधाता है**
**फटा सुथन्ना पहने जिसका गुन हरचरना गाता है**
**मखमल टमटम बल्लम तुरही पगड़ी छत्र चंवर के साथ**
**तोप छुड़ाकर, ढोल बजाकर, जय जय कौन कराता है।**
**पूरब पच्छिम से आते हैं, भूखे नंगे नर-कंकाल**
**सिंहासन पर बैठा उनके तमगे कौन लगाता है**
**कौन-कौन है वह जनगणमन अधिनायक वह महाबली**
**डरा हुआ मन बेबस जिसका बाजा रोज बजाता है।**

राष्ट्रगान और राष्ट्रगीत दोनों का यथार्थ बताया गया है। राष्ट्रवाद की एक्सपायरी डेट निकल गई है। ग्लोबल समय में जबरिया पल्स पोलियो की तरह उसका बाजा रोज बजाने को कहना अधिनायक की याद दिलाता है। कोई मरी हुई इच्छा सत्ता के पायों के आसपास रोज जोर मारती है कि कुछ खेल कर डालो। सो कुछ भी होता रहता है। साहित्य की खुशबू सत्ता को मधुर बनाती रहती है संस्कृति सत्ता की कास्मेटिकी है। वह सांस्कृतिक होते भली लगती है। लेकिन रघुवीर सहाय ने तो पहले ही पूछा था : जरा बताओ तो वह महाबली वह अधिनायक कौन है जिसके लिए हरचरना तुम्हारा बाजा बजाता है।

**10 सितंबर, 2006 हिंदुस्तान**

# साहित्य के साइड इफैक्ट्स

**कनक-कनक ते सौगुनी, मादकता अधिकाय!**
**वा खाए बौराय जग, या पाए बौराय!!**

कविवर बिहारी लाल ने कनक के साइड इफैक्ट बताने के लिए यह दोहा लिखा था। ये साहित्य के साइड इफैक्ट का जमाना है। कहा जा सकता है :

**'साहित्य साहित्य ते सौगुनी मादकता अधिकाय।**
**वा लिखते बौराय जग, या बोलत बौराय।'**

साहित्य के साइड इफैक्ट कब होने लगे? इसकी कोई उम्र नहीं, कोई टाइमिंग नहीं। कब कौन कहाँ लिखते ही बौरा उठे? कब कोई कहाँ बोलते ही बौरा उठे, तय नहीं है। कई लेखक एकदम सुबह बौराते हैं। कई शाम की गोष्ठी में। कई देर रात के बारह-एक बजे के आसपास साहित्य के साइड इफैक्ट्स के शिकार होते हैं। यह फोन पर होता है। पीकर होता है और तब दूसरे-तीसरे को उसका साहित्यिक इफैक्ट झेलना पड़ता है। एकदम सद्यः जात साहित्यकार का अचानक अपने को महान समझ उठना बौराने वाला साइड इफैक्ट होता है, जो गरमी-बरसात के दिनों के डेंगू की तरह सर्वत्र उपलब्ध रहता है।

बूढ़े अस्सी के आस-पास टहलने वाले साहित्य के 'ओल्ड एज़ होम' के सीनियर सिटीजन्स अपनी जवानी के गँवाए गए वक्तों को याद कर-करके साइड इफैक्ट फील करते हैं। उम्र दर्द देती है, महान अतीत सताने लगता है। कभी कस्बाती गँवई बीवी छोड़कर नई आधुनिका को पटाने के रूप में प्रकट हुआ करता था। अब लद्धड़ किस्म के प्रेम-प्रसंगों को कपड़ों की तरह पछीटने और सरेआम लेखन में सुखाने में नज़र आता है। मीडिया का साइड इफैक्ट साहित्य के साइड इफैक्ट के साथ मिक्स होकर डबलडोज़ इफैक्ट बन जाता है।

हिंदी का साहित्यकार मीडिया के साइड इफैक्ट को कोसते हुए भी एन्जॉय करता है—'मल्लिका ने एक फिल्म में दो दर्जन बार चुंबन दिया या फिर देखो शिल्पा

को बिग ब्रदर से कितना फेम मिला? कितने डॉलर मिले? अब गेर के संग चुबंन का सीन? और क्या चाहिए?'

मीडिया की सेलिब्रिटीवादी ग्लैमरवादी सैक्सी हवा देख हिंदी के साहित्यकार नामक प्राणी की कुछ खास इंद्रियां जोर मारती हैं। ये मीडिया का साहित्यिक साइड इफैक्ट है। उसे सुर्खियों में रहने, चर्चा में रहने का चस्का पड़ जाता है। एक अस्सी साल के 'बोलक' बोलते ही बौराय गए। कह बैठे पंत का तीन चौथाई साहित्य कूड़ा है। बस दो मिनट की चर्चा हो गई। साहित्य की सेवा हो गई। जीवन धन्य हो गया। एक लेखक ने एक लेखिका के बारे में कुछ संस्मरण किया, तो लेखिका नाराज हो गई। मगर इस बहाने रसिकों में चर्चा हो गई। कुछ उत्तेजना हो गई। बस काफी है। 'जोइ सोइ कछू गावै' वाला बौरायापन है। कोई भी कुछ भी कर गुजरता है।

हिंदी के अस्सी के आसपास के शिखरों पर मीडिया और साहित्य के साइड इफैक्ट को समझने के लिए या तो मनोचिकित्सक की सलाह ली जा सकती है। अथवा फ्री में काम चलाना हो तो महाकवि सूर का एक पद याद किया जा सकता है। सूरदास पर भी साहित्य का साइड इफैक्ट हुआ था। बहुत बूढ़े हो चले होंगे। लालसा मरी नहीं होगी। जिस तरह बूढ़ों के कभी-कभी दाँत निकल आते हैं। उसी तरह हुआ होगा। आज के अस्सी साला हिंदी वालों की तरह उनके कामना के दाँत निकल रहे हैं। जबड़े मसूड़े कष्ट पाने लगे हैं। बच्चा लोग हँसते हैं। भक्ति के साइड इफैक्ट यहीं से प्रकट हुए होंगे। इसी को वे एक पद में कहने लगे : 'अब मैं नाच्यो बहुत गुपाल, काम क्रोध को पहिर चोलना कंठ विषय की माल...।'

हिंदी का बुजुर्ग साहित्यकार सूरदास के 'पापी' की तरह काम-क्रोध का चोला पहनकर कंठ में बोतल विषयक माला डालकर नाचने में व्यस्त है। 'निंदा शब्द रसाल' शब्द उसकी जीभ पर राम नाम की तरह रहते हैं। सूरदास का काम आसान था। वे अपने भगवान के पास जाकर कह सकते थे : 'सूरदास की सबै अविद्या दूर करो नंदलाल' लेकिन आज के साहित्य-वृद्धों में इतना साहस नहीं है। साहस होता तो कहते : 'सूरदास की सबै साहित्यिक अविद्या दूर करो नंद लाल!'

वे 'अब हौं उघरि नच्यों चाहत हों' गाने में लगे हैं। नए लोग इनके उघरने पर हँसते भी नहीं! थोड़े दिन बाद इन्हें कोई सहेगा भी नहीं। ये सब साहित्य के साइड इफैक्ट हैं। हमने अपनी ओछी मति के कुछ गिनाए हैं। आप कुछ और जोड़ लें।

**हिंदुस्तान : 20 मई, 2007**

# 'स्टिंग ऑपरेशन' की परिणति

'स्टिंग ऑपरेशन' पत्रकारिता अपनी उम्र से पहले ही संकट में आने लगी है। पिछले दिनों बड़ी अदालत में स्टिंग ऑपरेशन की सार्थकता और निरर्थकता पर कुछ महत्त्वपूर्ण टिप्पणियाँ कीं और कर्तव्य-अकर्तव्य के बारे में नसीहत दी। इससे पहले केंद्रीय मंत्री गावित जी के मामले में एक चैनल द्वारा प्रसारित स्टिंग रिकॉर्डिंग को तथ्यरहित पाया गया। और अब यू.पी. की विधान सभा में एक बड़े चैनल के नामी पत्रकार को हाजिरी देने, अपनी कैफ़ियत देने और अदालत एवं विधानसभा की टिप्पणी सुनने और संभवतः 'उचित सबक लेने' की खातिर हाजिर होना पड़ सकता है। विधान सभा और अदालत के न्यायमूर्ति उनकी सफाई पर क्या कहते हैं यह तो बाद में मालूम पड़ेगा लेकिन इससे चैनलों की स्टिंग पत्रकारिता की प्रामाणिकता संदेह के घेरे में आ गई है।

हिंदुस्तानी खबर चैनलों में स्टिंग ऑपरेशन का आरंभ 'तहलका' ने किया था। वह एक साहस भरा कार्य था। उसके बाद स्टिंग पत्रकारिता की भूमिका, उसकी नैतिकता आदि के प्रश्नों पर मीडिया के भीतर बाहर बहसें चलीं जो अभी तक किसी नतीजे पर नहीं पहुँचीं। हाँ! टी.वी. के बहुत से खबर चैनल हो जाने के बाद 'स्टिंग पत्रकारिता' एक नई किस्म की पत्रकारिता के रूप में प्रायः प्रकट होने लगी। कुछ पहले तक ऐसा नज़र आने लगा था कि चैनलों के पास हर दिन एक न एक 'स्टिंग' समाचार है जिसे वे सामान्य समाचारों की जगह देना पसंद करते हैं। हर चैनल ने इस खेल में अपने-अपने तरीके से हाथ आजमाये और हर बार नए-नए विवाद पैदा होते रहे। धीरे-धीरे एक स्थिति यह हुई कि 'स्टिंगित' पात्र अपनी आत्मरक्षा में हठी बना और अपने को छला हुआ महसूस करने लगा तो दूसरी ओर स्टिंग के 'स्टिंग' के चमत्कारी रूप को देखकर चैनल और उनके पत्रकार अपनी ताकत कुछ ज्यादा ही महसूस करने लगे।

स्टिंग पत्रकारिता का सबसे बड़ा संकटपूर्ण क्षण तब बना जब एक चैनल में कुछ संसद सदस्यों को प्रश्न पूछने की एवज में पैसा लेते दिखाया गया। इस काम

के लिए फुसलाने वाली या कहें 'ट्रैप' में लेने वाली पत्रकारिता की शैली अपनायी गई। खुफिया कैमरों से अपनी भूमिका बदलकर पत्रकार नेताओं को रिश्वत देते देखे गए। वे रिश्वत लेते देखे गए यह एक बड़ी खबर थी। फिर स्पर्धा में एक और चैनल में कुछ और सांसदों को जा पकड़ा। इसका असर संसद पर हुआ और दलों ने पहली बार स्टिंग ऑपरेशन की आँच महसूस की। अलग-अलग दलों ने अपने-अपने ढंग से अपने नेताओं का बचाव शुरू किया। इतना कहा जा सकता है कि इस तरह स्टिंग ने अपना कुछ काम तो किया ही! उसके बाद जैसाकि कहा जा चुका है? केंद्रीय मंत्री गावित साहब का मामला आते ही स्टिंग ऑपरेशन मानों झूठ के कठघरे में खड़े होने लगे।

स्टिंग पत्रकारिता को लेकर नैतिक बहस तो चली लेकिन कोई कानूनी व्यवस्था नहीं हो पायी। उधर आपस में टी.आर.पी. के लिए दिन-रात स्पर्धा करने वाले समाचार चैनल स्टिंग ऑपरेशन को जनता के हित की पत्रकारिता कहकर उसका औचित्य ठहराने लगे। उन्हें लगता कि वे कैमरे को अस्त्र की तरह इस्तेमाल कर सकते हैं और बड़े-से-बड़े व्यक्तित्व को धूल में मिला सकते हैं। इसका असर नेताओं पर और उनके दलों पर पड़ा। ऐसा नहीं कि इससे ज़िंदगी में कोई नैतिक सफाई पैदा हो गई। बस इतना हुआ कि पत्रकार का रुतबा बढ़ गया और लोग पत्रकारों से मिलने से पहले मज़ाक में यह कहने लगे कि भाई मैं चैनलों से बहुत डरता हूँ, कहीं आपके पास छिपा हुआ कैमरा तो नहीं।

स्टिंग ऑपरेशन का एक सामाजिक पक्ष भी उभरा। चैनल कभी किसी स्कूल कभी किसी सरकारी दफ्तर या अस्पताल या किसी दुकानदार के यहाँ पहुँच जाते और उनके भ्रष्टाचार का पर्दाफाश करने लगते। प्रथम दृष्टि में ऐसा लगता कि समाज को सुधारने का छूटा हुआ एजेंडा चैनलों ने अपना लिया है। दर्शकों का एक वर्ग इससे राहत पाता और इस तरह स्टिंग करने वाले चैनल को अपनी टी.आर.पी. बढ़ती नज़र आती। फिर धीरे-धीरे इसके बहुत-से फूहड़ संस्करण बनने लगे। जहाँ भ्रष्टाचार कोई अनैतिक मूल्य नहीं था वहाँ भ्रष्टाचार को दिखाया जाने लगा। कई बार इस लपेटे में छोटे दुकानदार, छोटे दलाल और छोटे रिश्वतखोर आने लगे।

इस बीच पत्रकार जगत को पूरा मौका था कि वह इस तरह की पत्रकारिता की नैतिकता और सार्थकता के बारे में अपनी भूमिका का परीक्षण करे और कुछ कर्तव्य-अकर्तव्य तय करे। सबसे अच्छा तो यह होता कि तमाम चैनलों के संपादक या मुखिया इस तरह की पत्रकारिता को लेकर एक कामचलाऊ और सर्वस्वीकृत मानक बना लेते। लेकिन सच यह है कि यह कार्य किसी भी चैनल के एजेंडे में कभी नहीं रहा। और हर चैनल इसे स्वतःस्फूर्त ढंग से चलाता रहा।

नतीजा साफ है। स्टिंग ने सत्य और असत्य के निर्माण की सीमारेखा को

बिना जाने या जानबूझकर तोड़ा और असत्य के मुकाबले सत्य का पक्ष सामने आने लगा। अप्रामाणिक होते ही स्टिंग पत्रकारिता का डंक टूट गया। आज स्टिंग के टुकड़ों को लोग पूरी गंभीरता से नहीं लेते। यह एक चुनौती भरी पत्रकारिता के संकट और अवसान का समय दिखता है। आगे क्या होगा इसे नहीं कहा जा सकता। हाँ इतना अवश्य कहा जा सकता है कि अभी भी वक्त है जब हमारे समाचार चैनल मिल-बैठकर इस तरह की दुस्साहसिक पत्रकारिता के आचरण और कार्यविधान को स्वयं ही तय करें।

**राष्ट्रीय सहारा : 22 अक्टूबर, 2006**

# महाजनों का मार्ग

एक महाजन ने दूजे महाजन को उड़ाया। तीसरा महाजन गम गलत करने के लिए पीने-पिलाने लगा। एक दिन वह अपने चार-पाँच महाजनों को लेकर बैठा। रात भर पीता रहा। भूख लगी तो कोकीन-हेरोइन का पाँच सौ के नोट पर सुट्टा मार डिनर किया। शेंपेन का पानी पिया।

रोज ऐसे ही चलता था लेकिन उस रात ओवर डोज हो गया। एक महाजन वहीं लुढ़क गया। दूजा महाजन अस्पताल पहुँचा। तीजा चौथा पाँचवाँ और दर्जन भर अंततः पुलिस थाने पहुँचाए गए।

महाजनों की पार्टी को बड़ी दिक्कत हुई। चाल चेहरा चरित्र पर गर्व करने वाली महाजन पार्टी ने कहा कि इस-इस पार्टी से हमारी पार्टी अलग है। महाजनों के सबसे बड़े पुरखे से रहा नहीं गया। अपना बालक। इतनी बेरुखी ठीक नहीं। भारतीय संस्कृति में अपने हजार गलती करें आखिर अपने होते हैं। बड़े महाजनों ने धर्म लगती बात कही। जवानी में गलती हो जाया करती है बुरी सोहबत में पड़ जाते हैं। ऐसा हो जाता है।

बीबीसी के श्रोताओ और ऑन लाइन के पाठको! जो बात कानून की नज़र में अपराध निकली वो महाजनी सभ्यता की नज़र में जवानी की छोटी-सी भूल निकली।

महाजनों का जीवन अद्भुत होता है। दो हजार-चार हजार करोड़ रुपए के असामी होते हैं। पैसे का नशा आदमी को यों ही पागल बना डालता है। महाजनों की क्लास में ऐसे पागल बहुत मिलते हैं। वे महँगा जीवन जीते हुए महँगा खाना, महँगी गाड़ी, सैर मस्ती करते हुए महँगा नशा करते हुए जीवन जिया करते हैं। पैसे के नशे के संग कोकीन हशीश-हेरोइन का नशा दिमाग को दिल को आसमान में उड़ाता है। एक सुट्टे में स्वर्ग मिलता है। लेकिन अपने बुज़ुर्गवार कहते हैं कि जवानी का रोग भर है चला जाएगा!

कवि ने कहा है :

**किते न औगुन जग करै वय नय चढ़ती बार।**

जवानी चढ़ती जवानी में कई औगुन होते हैं। हिंदी की दुष्ट कविता महाजनों के नशे में बारे में बहुत पहले नसीहत दे चुकी है।

**कनक कनक ते सौ गुनी मादकता अधिकाय**
**वा खाए बौराय जग जा पाए बौराय।**

बहुत पैसा झेला नहीं जाता। झेलने के लिए नशा चाहिए। दो हजार करोड़ की गरमी को झेलने के लिए दिन-रात नशा चाहिए। पुलिस दो हजार करोड़ नहीं खोज रही। वह नशे करने की अपराधी ढूँढ़ रही है।

यह आर्य भूमि है। आर्य जन तो पहले ही सोमरस का सेवन करते थे अब वही सोमरस शेंपेन-कोकीन-हेरोइन के ट्रिपिल मिक्स में है। पचास करोड़ भूखे नंगों के मुल्क में नए देवता उसी में जीते मरते हैं।

कहा है : महाजनो येन गतः स पंथा।

जिस रास्ते महाजन जाते हैं वही महान रास्ता बताया है। गरीब का रास्ता वह नहीं है। सो भइया जिसका जो रास्ता है वह उसी में होकर जाता है। महाजनो का रास्ता पैसा बोतल नशा का है उनका पता ठिकाना है वे हर रात वहीं मिलते हैं कभी-कभी यमराज जी उठा ले जाते हैं।

महाजनों का रास्ता महाजनी सभ्यता का रास्ता है।

**8 जून, 2006**

# छूना और मरना

अपने यहाँ बच्चों का एक खेल चलता है : छूने से मर जाने का खेल। खेलते-खेलते अगर कोई बच्चा दूसरे को छू लेता है तो वह मर जाता है। फिर एक खास प्रक्रिया में जिंदा भी हो जाता है।

जब तक थक न जाएँ यही चलता रहता है। खेल ठहरा। इन दिनों बड़े नेताओं ने इस 'छूने से मर जाने के खेल' को खेलना शुरू कर दिया है। वे लाभ के पद को छूना नहीं चाहते। जिसने छुआ वही मर गया लगता है। देश में लाभ के पद संदेहास्पद हो उठे हैं। सरकार भी चाहती है कि इस मसले पर कोई क्लेरिटी हो जाए। उसे मालूम है कि पद अगर है तो हानि का नहीं लाभ का ही होता है। सवाल ये है कि किस कोटि का है? कितना है? कोई एक व्यवस्था तो होनी चाहिए न! कल को कहीं हमारे सांसद विधायक लाभ लेने का पाप करते दिखें तो हम सबको डूब मरने को जगह नहीं मिलेगी। इतिहास बता देगा कि इसका बाप लाभ के पद पर रहा था। क्या करें? सार्वजनिक जीवन में देखने-दिखाने लायक़ शुचिता जरूरी है न! जिस पूँजीवाद में 'फ्री लंच' कभी नहीं होता, उसमें लाभ के पद अपराध बन रहे हैं।

जिस देश में तिजोरी पर लाला जी शुभ लाभ लिखकर खाता खोलते हों। जिस सीट पर बैठकर नेताजी हवा में से पैसे बनाने के गुर जानते हों, जहाँ हर आदमी एक प्रकार का अनाफिसियल 'सेवा-कर' चुकता करता हो वहाँ बताया जा रहा है कि लाभ के पद पर नहीं रहना चाहिए। पाप लगता है। सांसद हो या विधायक उसे लाभ के पद से मीलों दूर रहना चाहिए। यह 'उल्टे बाँस बरेली' ले जाना है।

जिस दुनिया में हैलो करने के भी पैसे लगते हों वहाँ नेता कहते हैं कि वे लाभ से दूर रहना चाहते हैं। ये तो जन-सेवा हैगी जी! हम तो सच्चे मन से जन-सेवा करते हैं। हमें क्या पता कि जिस पद पर पार्टी ने बिठा दिया उससे लाभ भी होता है। हमारा तो नहीं हुआ। उल्टे हानि ही हुई है। बदनामी हुई है। जिसका लाभ हुआ वो थैंक्यू नहीं देता जिसका नहीं हुआ वो रिपोर्ट कर देता है।

सबसे अच्छा है सिर्फ सांसद रहें। विधायक रहें। पद न लें। हर पद में लाभ

है। नाममात्र का पद हो तो भी बंदे करोड़ों इधर-उधर पर डालते हैं। हाथ की सफाई की आदत ठहरी।

क्या ये लाभ का काम है? जी नहीं। इतना किसी निजी कंपनी के लिए करते तो अरबपति हो गए होते। लाभ क्या है? सेवा-शुल्क है। शुल्क तो मिला नहीं। मिली सिर्फ बदनामी। आक् थू! नेता लोग नैतिकता के बारे में सोचते हैं।

वैसे इस देश में लाभ के प्रति इतना विराग क्यों हो? जहाँ भगवान जी तक सहेतुक अवतार लेते हों अपने भक्तों को भजन-कीर्तन आदि के बदले मोक्ष देते हों वहाँ लाभ अस्पृश्य कैसे हो सकता है?

एक तरीका है। आगे से ऐसे सब पदों पर लिख दिया जाना चाहिए : ये 'हानि के पद' हैं। जो काम करेगा उसे इतना देना पड़ेगा। समस्या हल हो जाएगी। साँप मर जाएगा लाठी तेल पीकर जवान होती रहेगी। कारण : हानि के पद में भी लाभ कमाया जा सकता है। सिर्फ अक्ल और हुनर, जरा हाथ की सफाई चाहिए। और इस सफाई की अपने यहाँ कमी नहीं।

# गोडसे की नाक

गाँधी जी को फ़ासिस्ट गोडसे ने मार डाला और उनके तीन बंदरों को अगवा कर लिया।

गोडसे भाई ने उनमें अपना बजरंगी भाव का जीन रोप दिया। उनका नया संस्कार हो गया।

वे हर तरफ बुरा देखते। खूब बुरा सुनते और उससे भी बुरा कहते-करते। जनतंत्र के शर्म से ऊपर पोस्टर लगाकर रखते। 'बुरा मत देखो' 'बुरा मत सुनो' 'बुरा मत कहो'।

नियम बना दिए गए : विधर्मियों को जला डालो। लूट लो। चुपके से कब्रें बना दो। जो अपना धर्मी हो लेकिन कुधर्मी हो गया हो उसे भी ठोक लो। उसके ऊपर पाबंदी लगा दो। धमका दो और उसकी कोई भी बात न चलने दो।

समय गुजरा। इस दौरान गोडसे ने अपने को 'गॉड' समझना शुरू कर दिया। इससे उसकी नाक बहुत ही लंबी होने लगी। वो इस आर्यावर्त में फैल गई। इतनी लंबी हो गई कि कोई नाप नहीं सका। लंबी नाक को अपने जरा से भी विरोध की खुशबू दूर से आ जाती। गोडसे की लंबी नाक तुरंत पाबंदी लगा देती। धीरे-धीरे ने 'गॉड-से' गोडसे ने गाँधी जी के सहनशील इलाके को असहनशील ज्वलनशील इलाके में बदल दिया, इस तरह एक नए फ़ासिस्ट मुल्क का जन्म हुआ।

'सामाजिक इंजीनियरिंग' होने लगी। अल्पसंख्यकों को आग में जिंदा झोंक दिया जाता, उनके घर-दुकानें लूट ली जातीं कोई कुछ नहीं बोल पाता। सेंसरशिप। धमकी। पोस्टर फाड़ो आदि प्रतियोगिता आए दिन आयोजित होने लगीं। नाक की बात ठहरी इन दिनों भी अभ्यास चल रहा है। कभी-कभी उसके नियम कायदे-कानून भी प्रकट हो जाते हैं। जब प्रकट होते हैं तो लगता है कि यह तो कुछ अलग-सी बातें हो रही हैं। जो पूरे मुल्क में नहीं होता वह वहाँ होता है। इसीलिए कुछ पागल लोग गाँधी के मुल्क को एक अलग-सा इलाका मानते हैं।

नाक के संदर्भ में लेटेस्ट घटना इस तरह हुई एक दिन कुछ लोग बाँध से उजड़े लोगों को रोटी-पानी देने की माँग करने लगे। नाके पाबंदी लगा दी। फिर एक

दिन जिसकी अकल पर पत्थर पड़े वो हीरो आमिर खान निकला। उसने आकर उजड़े-बिखरे बेसहारा लोगों के आँसू पोंछने की बात कह दी। बस उस पर गोडसे की नाक घायल हो गई। सारे बजरंगी आमिर पर पिल पड़े उसकी फिल्म 'रंग दे बसंती' बंद कर दी गई। नई फिल्म 'फना' को सिनेमा-हॉलों में लगने नहीं दिया गया। अपराध था : आमिर ने भाई जी की बाँध बराबर ऊँची, हिटलरी इतिहास में अब तक की महानतम नाक के हुजूर में गुस्ताखी की थी।

मगर युवा लोग आमिर के दीवाने थे। वे उस नाक वाले मुल्क को छोड़ मुम्बई जाकर 'फना' को देखने हिट करने लगे। देखते-देखते पूरे मुल्क में आमिर हिट हो गया। फना ने रिकॉर्ड कलेक्सन किया। नाक देखती रह गई। तो भी नाक ने हिम्मत न हारी। अपने बजरंगियों को हुकुम दिया कि आमिर के विज्ञापनों पर पाबंदी लगा दो। पाबंदी लगा दी गई। लेकिन ये क्यों कि टीवी पर पाँच-पाँच विज्ञापन आमिर के आने लगे। दीवारों पर पोस्टर फाड़े जा सकते थे। होर्डिंग फाड़ी जा सकती थी लेकिन टीवी चैनलों का क्या करते? वहाँ आमिर खान लगातार दिखता, फिल्म से भी ज्यादा दिखता, कभी कार बेचता, कभी घड़ी बेचता। कभी फना के प्रोमो करता। मित्रो अब कटी नाक के सामने सवाल ये है कि नाक इस हालत से कैसे निपटे?

महान कटी नाक की यह त्रासदी सबके लिए सबक देने वाली है। यदि फिर भी कोई बजरंगी इस सवाल का जबाव देगा तो उसे हिंदुत्व-रत्न की उपाधि मिल सकती है।

है इस आर्यावर्त में कोई माई का लाल!

# हँसो-हँसो इस तमाशे पर हँसो

## (बतर्ज रघुवीर सहाय की कविता)

हँसो-हँसो जल्दी हँसो कि देश के सबसे बड़े हीरो के सबसे बड़े हीरो बेटे की सबसे बड़ी हीरोइन से शादी हो गई है।

हँसो-हँसो जरा ठठाकर मीडिया पर हँसो कि तुम्हारी औकात ठग्गू हलवाई से गई बीती नज़र आई।

हँसो कि तुम अंदर घुस नहीं सके, गेट क्रेश नहीं कर सके। अ-कहानी में से कहानी बनाने की अपनी मौलिक मेहनत पर हँसो।

हँसो कि तुम बाराती नहीं बने। तुम ऐसे दर्शक बने जिसका सिर सिक्यूरिटी ने लाठी से तोड़ा।

हे मीडिया महारथी। तुम इसी बात पर हँसो और हँसाओ कि राजू श्रीवास्तव के 'लाफ्टर' की जगह किसी ने तुम्हारा 'लाफ्टर शो' बना दिया।

इस देश की करोड़ों-करोड़ भोली चतुर जनता हँसो-हँसाओ, बधाए गाओ कि न इसे किसी मंगल की नजर लगी न शनि की। मजा लो कि एक मसखरे भाव ने तुम्हें जिंदा रखा। 'चक दे फट्टे' गाओ।

हे बच्चनों के प्रशंसकों। फैनो। अपने गाल पर तमाचे मारो कि तुम्हारी ही जेबों पर पले-बढ़े एक अदद बिग 'ब्रांड' एक 'उप ब्रांड' और एक क्षणभंगुर कास्मेटिकी विश्व सुंदरी जो कल तक 'कजरारे कारे नैना' में ठुमके लगाते थे, ऐन टाइम पर तुमसे बेगाने हो गए, तुमको धता बता दी। तुम को 'रील लाइफ' तक रहने दिया 'रीयल लाइफ' में नहीं आने दिया!

हे दर्शको! हँसो कि हजारों बार ठगे जाकर तुम फिर-फिर ठगे जाने के लिए तैयार हो। वे अपने 'हनीमून' में होंगे। तुम 'मनीहून' करो, हँसो कि तुम मामूली दो टक्के के दर्शक हो। तुम अधिक-से-अधिक 'दर्शक' और 'फैन' बन सकते हो। वो बारह सौ करोड़ की ब्रांड। अपनी हद मत लाँघो। हँसो कि तुम हँसने, ताली पीटने के अलावा कुछ और नहीं कर सकते।

हँसो और तय करो कि आइंदा हर ब्रांड आइडोल को उसकी 'वैल्यू' पर कसकर घिसोगे। जिस दिन तुम ब्रांड की हवा निकाल दोगे उस दिन तुम उस पर हँसोगे। हँस-हँसकर समझो कि हर 'ब्रांड' अपने 'कजरारे कारे नैना' मटकाकर लुभाता है 'आइडोल' सम्मोहित करता है और 'फैन' हर बार ठगा-सा रह जाता है।

कबीर ने कहा है :

**कबीरा आप ठगाइए और न ठगिए कोय!**
**आपु ठगे सुख ऊपजे और ठगे दुःख होय!**

याद रखना : शादी वो लड्डू है कि जो खाए सो पछताए जो न खाए वो भी पछताए।

# नकल-जाँच कला

नकल एक जन्मसिद्ध अधिकार है। यह प्राकृतिक है, स्वाभाविक है, विकासमूलक है। नकल से अकल बढ़ती है। अकल से शकल बनती है, नकल जाँच करना नकल का सौंदर्यशास्त्र है।

जब बंदर बनते-बनते आदमी बना तो नकल से बना, नकल कर-करके बना, यह उसकी आदत है, यह उसकी जींस में है। मामला जेनेटिक है। डार्विन के विकासमूलक सिद्धांतों में सर्वाइवल और फिटेस्ट का कल्पित नियम बिना नकल के नहीं बना। इसका अर्थ ही यह है कि जिस बंदर ने फिटेस्ट ढंग से नकल की, वही सर्वाइव किया, शेष खेत रहे। नकल की कला विकास की कला है। बच्चा बड़ों की नकल कर-करके बड़ा होता है, जो 'लच्छन' वह आसपास अपने बड़ों में देखता है, वही वह सीखता है, सीखने का मतलब अनुकरण ही है।

शिक्षा में तो हर साल साल-दर-साल अनुकरण पर जोर रहता है, ओरिजिनल कोई नहीं होता। सब एक-दूसरे की फोटोकॉपी नजर आते हैं। ऐसों की जाँच-परीक्षा क्या? इन दिनों के विद्यार्थी फोटोकॉपी से ही काम चलाते हैं। फोटो कॉपियर मशीन ने भी सिद्ध किया है कि नकल ही असल है। अदालतों के दस्तावेजों की पहले नकल मिला करती थी, अब फोटोकॉपी मिला करती है। वह ओरिजिनल के बराबर होती है। फोटोकॉपी है तो कोई कहीं ओरिजिनल होगा, ऐसा ख्याल आता है, लेकिन अगर कोई रिसर्च करे तो मालूम पड़ेगा कि जो ओरिजिनल या मौलिक बताया गया, वह भी किसी की नकल था, प्रभाव था, भला इसकी भी कोई परीक्षा हो सकती है?

हिंदी बड़ी छलिया भाषा है, साहित्य में प्रायः एक शब्द बड़ा ओरिजिनल नज़र आता है प्रभाव। अक्सर लिखा मिलता है—आदरणीय फलाँ-फलाँ रचनाकारजी पर फलाँ-फलाँ विदेशी-स्वदेशी विचारक या रचनाकार का प्रभाव है, वे बहुत दिनों तक उनके प्रभाव में रहे। मैथिलीशरण गुप्तजी पर गाँधीजी का प्रभाव बताया जाता है, प्रसादजी पर शैवाद्वैत का और प्रेमचंद पर गाँधीवाद, आर्य समाज से लेकर समाजवाद तक का प्रभाव लगभग स्वीकृत-सा है। इस प्रभाव को हम बड़े आदर से देखते हैं।

अच्छा! फलाँ जी फलाँ महान जी के प्रभाव में हैं। चलो प्रभावशाली को ढूँढ़ते हैं तो यह भावशाली भी काबू में आ जाएगा।

'प्रभाव है' कहकर हम 'नकल है' कहने से बच जाते हैं। बड़े लोग 'नकल' नहीं करते भाव-प्रभाव ग्रहण किया करते हैं। वे प्रतिभाशाली होते हैं। वे 'नकल' को 'भाव प्रभाव' के रूप में प्रसाद के रूप में ग्रहण करते हैं। अपना इतिहास नकल का है, भूगोल के नक्शे नकल पर बने हैं। विज्ञान की नकल में तो हम माहिर हैं कहीं कोई वैज्ञानिक शोध हुआ नहीं कि उसकी एकदम ओरिजिनल नकल मिलती है। कार के पुर्जे बेचने वाले बेचते हुए कहते हैं यह लोकल है, एकदम ओरिजिनल पर जाएँगे तो दो-तीन गुना दाम लगेगा। काम तो वही करेगा, सो क्यों न 'लोकल ओरिजिनल' लिया जाए। जिनकी गाड़ी कंपनी के नाम पर नहीं चलती, सरकारी खर्चे पर नहीं चलती है, वे इस 'लोकल' को ओरिजिनल बताकर धन्य-धन्य होते हैं। 'नकल' अगर 'लोकल' है तो ओरिजिनल है, यह नकल सिद्धांत का नया संस्करण है।

नकल की महिमा कहाँ तक बखानी जाए? हम, आप सब कुछ तो जानते हैं। नकल करके बड़े हुए हैं। ऐसे माहौल में जब मीडिया मेरठ स्थित चौधरी चरणसिंह विश्वविद्यालय के बी.ए., बी.एस-सी. के इम्तहानों, प्रोफेशनल कोर्सों के सालाना इम्तहानों की कॉपियों को आगरे के छठी, आठवीं, दसवीं, बारहवीं के छात्रों द्वारा जाँचा जाता दिखाता है और बड़ी खबर बनाने की कोशिश करता है तो हँसी आती है। जो चैनल एक-दूसरे की खुद बाइट दर बाइट दिन-रात नकल मारते हों, वे कहें कि देखो चौधरी चरणसिंह विश्वविद्यालय के छात्रों की उत्तर-पुस्तिकाएँ आठवीं-बारहवीं के बच्चे जाँच रहे हैं तो लगता है वे अपने नक्काल होने के स्वभाव को भूल गए हैं। कहते हैं ये सब गलत हो रहा है। भारत में इम्तहानों की कॉपियाँ जाँचने की भी एक लंबी परंपरा है। इसकी भी नकल होते-होते यहाँ पहुँची है कि ग्रेजुएट कोर्स की कॉपियों को आठवीं-बारहवीं के बालक सस्ती दरों पर जाँचते हैं। कोई जमाना रहा जब परीक्षक किसी बालक-बालिका को नियुक्त नहीं करता था, वह कबड्डी के पालों की तरह लकीर खींचता, फिर छत पर कपड़े सुखाती बीवी से कहता—भागवान! इस बंडल को ऊपर से नीचे बिखराकर फेंक दे। कॉपी जँच जाएगी। तू एक्जामिनर कहलाएगी, तेरे लिए एक साड़ी फ्री। वो ऊपर जाकर फेंकती। पुराने गाने 'इस दिल के टुकड़े हजार हुए, कोई यहाँ गिरा, कोई वहाँ गिरा' वाली तर्ज पर कॉपी यहाँ-वहाँ गिरती, लाइन के उस पार जो गिरती वे फेल, जो इधर गिरती वो पास! चरणसिंह विश्वविद्यालय के छात्र सौभाग्यशाली हैं कि उन्हें आठवीं, बारहवीं वाले छात्र एक्जामिनर मिले हैं जो हस्तलेख देखकर नंबर दे रहे हैं। दो रुपए से पाँच रुपए प्रति कॉपी ले रहे हैं।

कॉपियों के जाँचने की कला लोकल ओरिजिनल रही है। हर परीक्षक के अपने लोकल ओरिजिनल तरीके होते हैं। कोई सूँघ के नंबर देता है। दो सेकंड में एक

कॉपी निकालता है, दिन भर में हजारों निकालता है। उसकी देखा-देखी दूसरे एक सेकंड में एक कॉपी निकाला करते हैं। देश में ऐसे एक्जामिनरों का हर शहर में मुकाम है, जो ठेके पर जाँचने का धंधा किया करते हैं। उनके घरों में दस-पंद्रह विश्वविद्यालयों, बोर्डों की कॉपियाँ पड़ी होती हैं। उनके चेले-चांटी जाँच रहे होते हैं—एम. ए., पी-एच.डी., डी. लिट् तक में नकल चलती है। परीक्षक भी सिर्फ दस्तख़त किया करते हैं, जो जरा-सा भी लोकल होने की जगह सिर्फ ओरिजिनल होने के चक्कर में रहते हैं। इतिहास गवाह है कि उनकी कॉपियाँ कभी नहीं जँचतीं, वे रिजल्ट खराब करने वालों में होते हैं।

जो लोग कॉपियों को आगरा ले गए, वे यही सोचकर ले गए होंगे कि ये विद्यार्थी तो पहले ही एक-दूसरे की नकल करते हुए परीक्षा देते हैं, तब इन्हें ओरिजिनल जाँच के लायक क्यों समझा जाए? उन्हें एकदम लोकल आगराछाप क्यों न समझा जाए? कौन-सा आइंस्टीन इम्तहान में बैठा है? है तो वही जो चक्कू को मेज पर गड़ाकर उस दिन नकल कर रहे थे। इन्हें जाँचने में क्या? सिर्फ नंबर ही तो देने हैं। शायद इसी कारण विश्वविद्यालय के अधिकारियों ने आगरा का रुख किया। वैसे बहुत से अन्य नगर भी होंगे, जिनके खेतों में कॉपी जाँचने का काम अब भी चलता होगा, सिर्फ चौधरी चरणसिंह के विद्यार्थी ही नहीं, बहुत सारे विश्वविद्यालयों के विद्यार्थी इस सुपर फास्ट बाल-परीक्षण से नंबर पा रहे होंगे।

अब आप ये मत पूछिए कि नंबर कैसे लिख दिए जाते हैं? क्या-क्या आर्थिक-राजनीतिक-सांस्कृतिक विनिमय होता है। फिलहाल इतना ही समझें कि नकल के बिना पढ़ना मुश्किल है और नकली जाँच के बिना नंबर मुश्किल हैं।

भारत की नई पीढ़ी का भविष्य बड़ा चुनौती भरा है। क्या करें?

**नई दुनिया : 20 अगस्त, 2006**

# रानी रूठें तो रूठा करें

बुढ़ापे का प्यार और बुढ़ापे की क्रांतिकारिता बड़ा दर्दीला दुर्गत कराने वाला आइटम बन जाती है। हाथ में जुंबिश नहीं रहती और आँखों में दम नहीं रहता और लालसा ललचाती है कि बेटा एक्टिव हो जा! अब तक प्रीपेड एक्टिव रहे अब आगे भी होता रह। फ्री रिचार्ज करता रह! लेकिन सत्तर-अस्सी साल की उम्र बड़ा कष्ट देती है ये नए बोझ उठते नहीं। तरह-तरह के कष्टदेह से बालने लगते हैं। सीनियर सिटीजनों की दुनिया दर्दीली ही होती है। बुजुर्गों का कहना रहा हैं कि बुढ़ापे का इश्क गठिया से बदतर है और हम कहते है कि क्रांतिकारिता तो पार्किंसनिया छाप होती है। हाथ-पैर काँपते रहते हैं गर्दन में विचार फँसे रह जाते हैं मगर कमिटमेंटी नामक पिपरमिंटी गोली आदमी को लाल भभूका बनाए रखती है। बच्चे हँसने लगते हैं।

पुरखे ऐसे में वानप्रस्थ की वकालत करते रहे हैं। उसमें बहुत बुज़ुर्गवार समाज के बीच नहीं रहते। उन्हें कोई नहीं पूछता और आप भी किसी को नहीं पूछते। पारी खेलकर छुट्टी मनाते रहते हैं। यह व्यवस्था बुरी नहीं। मगर कोई माने तब न! और कमबख़्त ये ज़माना जितना विकसित होता जाता है, उतना ही असाध्य होता जाता है। एकदम कंट्रोल से बाहर। बच्चे तक पूछते नहीं, लेकिन साहित्य की दुनिया में शासन करने की मचलती लालसा जाती नहीं। बड़ी आफत होती है। अगर आप कमिटमेंटी पिपरमिंटी साहित्यकार हैं। आपको लगता रहा है कि आप साहित्यकारों के विधाता लीडर आदि सब कुछ हैं। आप लाइन देते रहे हैं मूरख लाइन लेते रहे हैं और अब भी देंगे तो लोग लेंगे। ये गलतफहमी मरवा के छोड़ती है। ये पुरानी लाइन भी अब नहीं चलती। चलती तो हिंदी सम्मेलन में जाने वालों में से कुछ और विद्रोह की लाइन में लगते। कुछ पुराने नागपुरिया विश्व हिंदी सम्मेलन वाले सीन बन जाते! इतने बड़े-बड़े मान्य लेखकों ने जब न जाने का मन बनाया, तो उनकी देखा-देखी दस-पाँच तो और लाइन में लग जाते हैं। इस परम घटिया परम पोस्टमॉडर्न जमाने को क्या कहिए? सब आउट ऑफ कंट्रोल चले गए। जिन्होंने मना किया वे रह गए नागपुर के विश्व हिंदी सम्मेलन में, जो क्रांति-भावना दिखी थी, उसकी परछाईं भी नहीं दिखी। सबके सब अवसरवादी हो गए। सब निमंत्रित लाइन लगाकर चल

दिए। फुर्र हो लिए। जिन लोगों ने न जाने का मन बनाया, वे चुप रहते तो अधिक गरिमा रहती। वे चुप नहीं रहे। मीडिया के पब्लिक डोमेन में आ गए। अख़बार में खबर कर दी कि नहीं जा रहे हैं और वजाहत भी कर दी कि 'इस वजह से' नहीं जा रहे। कइयों को इस आयोजन में हिंदुत्व की गंध आई। जाने वालों के समक्ष उन्होंने एक राजनीतिक लाइन रख दी और पूछा कि तय करो किस ओर हो तुम? पब्लिक डोमेन में आने के बाद ऐसा ही होता है। पब्लिक जबावदेह हो उठती है। हम भी स्थिति स्पष्ट कर रहे हैं।

हिंदुत्व का आरोप जरा तथ्य का मामला है। इस सरकार के हजार दोष कहे जा सकते हैं कम से कम इसे हिंदुत्ववादी तो नहीं कहा जा सकता। जो सरकार हिंदुत्व शक्तियों के खिलाफ खुला एजेंडा लेकर आई हो, जिसे वामपंथी समर्थन दे रहे हों, उसकी कमेटियों को हिंदुत्ववादी हड़प लें, ये तो नहीं हो सकता। तिस पर एक सज्जन तो कमेटियों में ही थे। वे पहले क्या कर रहे थे? इस तरह विचारधारा भी आई तो विघ्नसंतोषी बनकर। अपना सोच यही है। बताइए इस मामूली से कालमकार को जैसे-तैसे विश्व हिंदी सम्मेलन का निमंत्रण पत्र मिला। विदेश मंत्रालय से फोन आया, तो रूठा न गया। पापी पोस्टमॉडर्निस्ट इस लेखक से यह अद्‌भुत पाप हो रहा है। होना ही चाहिए।

एक तो अमरीका पोस्ट मॉडर्न मुल्क। उधर यह बंदा भी उसकी पोस्ट मॉडर्न से अपनी जिंदगी में सूखी-रूखी रोटी का बंदोबस्त करने वाला ठहरा। क्या करे? सब कमेटियों में सब जगह बैठे रहे हो। दस-बीस साल साहित्य को अपनी ऐशगाह बनाया है अब अगर पूछ कम हो गई है तो क्यों चीख-चिल्लाकर बुढ़ापा खराब करते हो? क्रांतिकारी हवाबाज़ी करते हो? जो नए जा रहे हैं उन्हें जाने दो। जलो मत! यह टिप्पणी इस तरह से न होती अगर इस मुद्दे को पब्लिक डोमेन में उछाला न गया होता। हमसे भी एक पत्रकार मित्र ने पूछा कि आप जा रहे हैं? हमने कहा कि न्यौता है, तो जरूर जाएँगे? उन्होंने कहा कि कई लोग नहीं जा रहे? हमने कहा कि रानी रूठेंगी, तो अपना सुहाग लेंगी! और क्या?

**हिंदुस्तान : 15 जुलाई, 2007**

# साहित्य का नारको टेस्ट

एक दिन सीबीआई और पुलिस ने 'साहित्य' नामक बंदे को धर ही लिया। पकड़ने में बहुत मुश्किलें आईं। दरअसल उसकी आईडी ठीक-ठीक नहीं थी। उसका एक फोटो जरूर मिला था, जिसमें आदमी के सिर-सा कुछ दिखता था। आँखें गायब थीं। नाक का तो पता ही नहीं चलता था। हाँ, उसका सिर घुटा हुआ जरूर लगता था। तब पुलिस ने अपने साहित्यिक जासूसों की मदद ली। उन्होंने बताया कि साहित्य तो समाज का दर्पण होता है, जिसे अंग्रेज़ी में मिरर कहते हैं। पुलिस ने वारंट निकाल दिया। पोस्टर लगवा दिए कि साहित्य समाज का दर्पण यानी शीशा होता है, मिरर होता है। जहाँ भी ये मिरर देखो, धर लो। ले आओ, जरा-सा थर्ड डिग्री देंगे, तो तोते की तरह बोलने लगेगा। सब उगल देगा। बनारस, इलाहाबाद, लखनऊ, आगरा, कानपुर, पटना, राँची, भोपाल, रायपुर और सारा बिहार, सारा पहाड़ यानी अखिल हिंदी क्षेत्र छान मारा, लेकिन कहीं बरामद नहीं हुआ।

इंटरपोल ने भी तलाशा। पेरिस में, लंदन में, कोलकाता की शेक्सपीयर सरणी में। पेरिस में काफी शराब की बोतलें मिलीं। लंदन का भी यही हाल रहा।

सुराग मिलते ही पुलिस ने रात के दो बजे सारा इलाका घेर लिया। सही वक्त पर छापा मारा। वहाँ प्रेस मिले। किताबें मिलीं। गरमा-गरम पत्रिकाएँ मिलीं। पुलिस वाले उनकी भभक से घबराने लगे। उनमें विस्फोटक और प्रज्वलनशील तत्त्व थे। पढ़ा, तो समझ न आया कि क्या लिखा है?

पुलिस ने उस प्रेस मालिक से पूछा : साहित्य कहाँ है? कहाँ है ये शीशा दर्पण? वो क्या कहते हैं मिरर-विरर का बच्चा? प्रेस वाला बोला कि घर में तो एक ही शीशा है, बाथरूम में। एक था दाढ़ी बनाने के लिए कल ही टूटा है, गली में कूड़े के ढेर में पड़ा होगा। बाकी और तो नहीं हैं आप तलाशी ले लीजिए माई-बाप। इन दिनों तो बड़ी बिल्डिगों में शीशे ज्यादा नजर आते हैं। मिरर ही मिरर होता है।

पुलिस खाली हाथ जाने को नहीं आई थी। मालिक को डाँटा : 'चोप्प! ला दाढ़ी बनाने वाला शीशा ही ला। वही है।' लाकर उसे नारको जाँच लेबोरेट्री में एक

बिस्तर पर लिटा दिया। उसे प्यार से एक नर्स ने देखा। चीफ ने उसके सर पर हाथ फेरा, उसे प्यास लगी, तो उसे दिया गया एक इंजेक्शन।

अब वह नारको के नरक में था। देश काल सब बदल गया। तभी दूर से आती हुई एक मीठी सी आवाज सुनाई पड़ी, 'साहित्य भाई ये बताओ कि तुम्हारी साहित्यगीरी में तुम्हारे साथ और कौन-कौन थे?'

साहित्य नारको के नशे में था। बेहोश, लेकिन दिमाग से बाहोश। उसे अपने दिमाग पर जोर डालने की जरूरत नहीं पड़ी। सीधे बुदबुदाने सा लगा : '...वेदव्यास...कालिदास...भवभूति...भास...' उसने दो हजार नाम गिना डाले, वेदों उपनिषदों से लेकर पता नहीं कब-कब के।

बताते-बताते उसकी जीभ बाहर निकल आई। सूखे होठों पर फेरा और हलक में अंदर लिया। फिर बोला, 'जी बहुत सारे नाम हैं कहाँ तक गिनाऊँ। इतने हैं एक बरस तक बोलता रहूँ, तो भी पूरे ना हों।' 'ये जो बताए हैं ये तो सब पुराने पापी हैं मरखप गए। बचपन में हमने भी सुन रखे हैं। तू नए नाम बता, जो तेरे संग बहुत ज्यादा एक्शन करते रहे हैं।' साहित्य की आँखें बंद-सी थीं। उसने फिर अपनी सूखी जीभ बाहर निकाली होठों को चाटा और हलक के अंदर करके फिर बोलने लगा, 'सर जी किस-किस का नाम लूँ? आधे तो ऊपर निकल गए। आधे बचे हैं। किन-किन का बताऊँ?'

पुलिस बोली, 'जो उस एरिया में निकल गए हैं उनका तो हम उस एरिया में थर्ड डिग्री कराएँगे। जो अभी तक जिंदा घूम रहे हैं उनके बारे में बता।'

'जी इनकी एक बात हो तो बताऊँ। कोई घर छोड़ देता, सिर मुंडा लेता और मुझे करने लगता। मेरा नाम धर लेता। कोई बीवी बच्चे गाँव छोड़ आता और शहर में मेरा नाम रखकर साहित्यकार कहलाने लगता। कोई कहीं मर्डर में फँस जाता और संघर्ष करता हुआ मेरा नाम लेकर साहित्यकार हो जाता। कोई इतिहास में जाने के चक्कर में मेरा नाम ले लेता। बस जी, फिर तो, जी ये अपने एक्शन में होते और कहते कि साहित्य कर रहे हैं। नाम मेरा लगाते। मेरे नाम पर बैठक मारते दारूबाज़ी करते। इनके बीवी बच्चे मुझे गाली देते। आप उन्हें पकड़िए सर जी।' पुलिस ऐसे बयान सुन कन्फ्यूजन में आ गई है। उसने फाइल होम को भेज दी है।

**हिंदुस्तान : 26 अगस्त, 2007**

# भक्ति पॉलिटिकली ऊपजी

राजनीति एक महाभाव है। भक्ति सुपर महाभाव है ही। ये युग दो महानुभावों की मित्रता का है। भक्तों ने हर युग में राजनीति को भक्ति का ही एक रूप माना है। हर युग के अनुसार उसके रंग लीला बदलते गए हैं। कभी भक्ति राजनीति में मिक्स होकर इतना एक रूप बन जाती है कि अलगाई नहीं जा पाती। कभी दोनों समांतार चलीं, कभी एकदम मिक्सी में सुपर स्पीड पर मिक्स होती गईं।

आप चाहें तो राजनीति को भक्ति कहें भक्ति को राजनीति कहें बात एक ही निकलेगी। यहाँ फिर महाकवि बिहारीलाल ही इस महामिक्स की थियरी देते हैं:

**नितप्रति एकत ही रहत वैस वरन मन एक!**
**चहियत जुगल किसोर लखि लोचन जुगल अनेक!**

टीकाओं में गलती से इसे राधाकृष्ण के युगल रूप पर घटाया गया है, लेकिन है यह उत्तरी आधुनिक राजभक्ति की ऊपरी थियरी। और यह न यूरोपीय है न अमरीकी। यह ठेठ स्वदेशी है, भारतीय है। भक्तिकाल के भक्तों की समूची कविता किसी-न-किसी राजनीतिक थियरी को बनाती रहती है। भक्ति काल का राजनीतिक पाठ करें, तो यह मर्म समझ में आवे। इस राजभक्ति का निराला प्याला होता है। हर भक्त इसे छककर पीया करता है। भारत में हर बंदा भक्त होता ही है यह उसकी मानसिक अवस्था नहीं, जेनेटिक्स होती है।

आचार्य रामचंद्र शुक्ल ने 'श्रद्धा और भक्ति' नामक अपने प्रसिद्ध लेख में ऐसे अनेक संकेत छोड़े हैं, जिनसे पता चलता है कि राजनीति और भक्ति का कितना और कितने तरह का संबंध है। कभी भक्ति भगवान तक अप्रोच बनाने का वाया मीडिया रही होगी। अब तो भक्ति ही अपना लक्ष्य आप हो चली है। ऐसा मिक्स है कि आप हंस को ऑन ड्यूटी कर भी नीर क्षीर नहीं करा सकते। वह भी किसी की भक्ति करता मिलेगा। भक्तों ने भक्ति के विषय में नानाभावेन 'भक्तिरसामृतसिंधु' नाम्नी ग्रंथों की रचना की है।

भक्ति काल के भक्त तो नौ तक की गिनती जानते थे, सो नवधा भक्ति

की बात किया करते थे वह बात पुरानी हो चली है। अब शतधा भक्ति का फैशन है। भक्त कब दीवाना हो उठे, कब भक्ति भाव से भर जाए, कब उसकी श्रद्धा का मयूर नाच उठे, वह नहीं जानता होता। उसकी अनुकंपा अनुग्रह ही भक्त का पोषण किया करती है। तंदुरुस्ती का ख़्याल रखती है। पॉकेट का ख़्याल रखती है। ताकत का जोशांदा पिलाए रखती है।

कुछ दिन हुए राजस्थान में जग गया। पेंशन परेड में वसुंधरा राजे ने खादी का प्रचार-प्रसार किया इसके लिए वे केट वाक करती दिखीं। रैंप उनसे जगमग रहा। लेकिन एक भक्त ने भक्ति के वशीभूत उन्हें देवी मान लिया। सबने उनकी खिल्ली उड़ाई। मामला ऊपर तक गया। दूसरे भक्तों ने इसे भावना आहत करने वाला माना, लेकिन वसुंधरा का आलंबन दो दिन में उतर गया। यूपी में एक कांग्रेसी बंदे को भक्ति का दौरा पड़ा और उसने सोनिया को देवी रूप में खींच दिया। पर्दे पर सोनिया का आलंबन दो दिन छाया रहा। भक्त पार्टी से निलंबित कर दिया गया। फिर एक भक्त को ज्योतिरादित्य में सीधे अर्जुन ही दिख गए। भक्ति भाव कुछ का कुछ करा देता है। इसमें वसुंधरा या सोनिया का क्या कसूर? कुछ दिन पहले तक भाजपा में ढेर सारे कृष्ण आदि देवता साक्षात नज़र आते रहे। उससे पहले राम-लक्ष्मण नज़र आते रहे।

जो लोग राजनीति और भक्ति के महामिक्स के रहस्य को नहीं जानते वे अनावश्यक हल्ला करते हैं। वे करते रहें जनतंत्र है। भक्ति का जनतंत्र इससे बड़ा है। भक्ति भक्त का असली निजी जनतंत्र है। भाजपा में भक्ति बरसेगी तो कांग्रेसजनों में न बरसे ऐसा कभी हो नहीं सकता। एक जगह बरसता है, तो दूसरे जगह तो निचाट सूखे में फव्वारे लगाकर बरसवाया जाता है। लेकिन कलजुगी भक्त की एक विशेषता किसी ग्रंथ में नहीं बताई गई। नए शोध से अब नज़र आती है कि यह भक्त जरा नई काट का है। सच तो यह है कि वह किसी का सगा नहीं। अपने भगवान को भी मौका मिलते ही चूना लगा डालता है।

कलजुगी उत्तर-आधुनिक भक्तों की इस मारक भक्ति का मर्म जान लें तो इतना न बिदकें। हर बार इस महा मसखरी को एन्जॉय करें, जो हर आदमी के दिल में हर ताकतवर के ख़िलाफ रहती है। और भक्ति के रूपक में प्रकट होती है मूर्ख इसे सच समझते हैं समझदार मजा लिया करते हैं।

**हिंदुस्तान : 1 जुलाई, 2007**

# कठिन डगर है पनघट की

अब तो वाकई बड़ी कठिन डगर है पनघट की। पनघट पर ज्यादा छेड़छाड़ कानून के लिखाफ होगी। तो भगवन अपनी बाँसुरी में बैठे रहो और अपने नए रासरचैये का मजा लो। उनकी होली की गोली को सटको। पास न फटको।

परदा उठते ही सबको धक्का देकर अमर सिंह मंच पर माइक पकड़कर रासलीला में नौटंकी के नोटों का मिक्स मार देते हैं :

**तेरी बांकी अदा पे मैं खुद हूँ फिदा**<br>
**तेरी चाहत का दिलवर बयाँ क्या करूँ**<br>
**ये ही ख्वाहिश है तू मुझे देखा करे**<br>
**और दिलोजानी मैं तुझको देखा करूँ... कड़कड़ धड़ाम।**

नगाड़ा तिहाई देता है। पंडित नथाराम शर्मा गौड़ हाथरसी की रूह परेशान है कि जिसे पार्ट दिया था वो मजनूं कहाँ मर गया और ये चश्मिश कहाँ से आ गया।

## गंगा किनारेवारा

इतने में लीला में गंगा किनारे वारा बिग छोरा एंट्री मारता है। बिग के साथ उनका सुपुत्र भी है, उनकी पत्नी भी हैं, उनकी होने वाली पुत्रवधू हैं। फुल फेमिली शो है।

सीन अपने आप बिना किसी से पूछे बिना रोक टोक आगे बढ़ता है। बाप जी, बेटे जी, पत्नी जी, भावी बहुरिया जी सब कोरस में गा उठते हैं।

हाँ रंग बरसे भीगे चुनरवारी भाभी हमारी जी, इस बीच उनका कुँवर कन्हैया बीच में रैप मिक्स करता है।

## आयम द बैस्ट पापा जी बेस्ट

मैं, मेरा बेटा, मेरी बहू, मेरी पत्नी, मेरी राधा, मेरी एवरेडी, मेरा डाबर, मेर सूट सब से बैस्ट।

पुनर्जन्म हो यदि मेरा तो हो गंगा के तट पर... सीन देख एक एनजीओ को लगता है कि बंदा गंगा के किनारे कब्जा करने के चक्कर में है।

बेटे को कजरारे कारे नैना दिख जाते हैं वो ठुमका मारकर गाने लगता है : कजरारे कजरारे तेरे कारे कारे नैना।

मेरी कारें तेरी कारें मेरी बेंटले तेरी रॉयस प्यारी-प्यारी कारें कजरारी-कजरारी कारें!

यह देख कल्याण से रहा नहीं जाता। ढोलक लेकर सामने आते हैं और लाल जी नाचने लगते हैं... तोंद अलग नाचती है, वे अलग। दोनों का मिक्स है।

## आरती अटल बिहारी की

**कि जहाँ डालडाल गोल्डन गोल्डन चिड़िया करें बसेरा**
**वह यूपी देश है मेरा**
**मंदिर वही बनेगा मेरा... मंदिर वही बनेगा मेरा...**

एक दर्शक सुनकर कहता है :

जहाँ पिछली बार की साड़ी लीला बन गई चीर हरण लीला

**वही यूपी देश है मेरा**
**वही यूपी देश है मेरा...**
**इस बार वोट लेना है तो कराओ लिंगरीदान,**
**लीला यही यूपी देश है मेरा॥**

मुलायम ने लंगोट घुमा दिया है। रासलीला और कुश्ती का रिमिक्स है :

**हमन्नें लंगोट घुमाय दियो है पिंजरे वाली मुनिया**
**यूपी हमाई ऐ हमाई ऐ**
**दिल्ली वाली मुनिया**

## ऐसौ मारूँगी...

बहुत देर से जब्त किए किनारे खड़ी बहन मायावती उछलकर लठामार होली के मूड में आ जाती हैं, कहती हैं :

**काउ दिन उठि गयो मेरो हाथ मुलायम तोय ऐसौ मारूँगी...**

ऐसो मारूँगी... और वे लठ घुमाने लगती हैं... सारा मंच साफ हो जाता है। कहती हैं :

बोटन मारूँ नोटन मारूँ चोटन मारूँ रे
सोटन मारूँ लोटन मारूँ बिछाय दऊँ रे
काउ दिन उठि गयौ बसपा कौ हाथ मुलायम तोय ऐसौ मारूँ रे

अमर सिंह की बोलती बंद हो जाती है। इतने में मुलायम परदे के पीछे से उछलकर मंच पर आते हैं :

बहुमत बहुमत करते करते बीती रे उमरिया।
कुरसी कुरसी करते करते हुआ रे बावरिया॥

इधर लालू जी अभी-अभी अपने गरीब रथ पर सवार होकर सामने आए। बोले कि इसकी नौटंकी असली नहीं हमरी असली है और ई अमरवा ई कउन बा? एकदम नमूना है, जो बिग बी है उसकी दुम बना रहता है। इसे हम जानता हूँ। कारटून कहीं का।

**पुनर्जन्म हो मेरा तो...**

बिचारे जिन किशन जी की आरती होनी थी उसका इंटरवेल हो जाता है। किशन जी अपनी जीन्स पहनने लगते हैं लेकिन, उधर यूपी में दम की थीम पर समस्या पूर्ति करते हुए गंगा किनारे वाला छोरा गाता है तो लोग चिल्लाते हैं गंगावाले गंगा में जा जमुना वाला मत बन।

अगर पुनर्जन्म हो मेरा तो हो गंगा के तट पर...
यूपी में है दम

जनता गाने लगती है :

दम मारो दम निकल जाए
दम निठारी में है कम
आगे होंगे हम
दम मारो दम

यूपी के लोग गाने लगते हैं :

यूपी में गर आए हैं तो जीना ही पड़ेगा
यूपी है अगर जहर तो पीना ही पड़ेगा।

सोनिया बहुत देर से एंट्री मारने के चक्कर में थीं। जरा-सा मौका मिला तो मय सुपुत्र के हाजिर सामने बोलने लगीं।

क्वाइटरोजी। सब क्वाइट क्वाइट माँगता। मेयेरे दील में आज ख्या है तू कहे तो मैं बताऊँ... मेयेरे दिल में एक जनथा है... जनथा जनथा फूकारूँ में गलियों में...

घड़ा भर गया पाप खा... यूपी में अटियाचार फैला आसमानी शक्तियाँ मुझसे कहटी हैं कि लो अवटार लो माँ। मैं आ रही हूँ...मैं दिल्ली में बिजी हूँ तो मेरा बेटा आ रहा है : मेरे चंदा मेरे मुन्ना मेरे अनमोल रतन तेरे को गिफ्ट में यूपी में दिए जाती हूँ।

मुन्ना हाँ में सिर हिलाता है।

जनता माँ बेटे के इस रूप पर मुग्ध होकर गाने लगती है :

**पूत कपूत सुने हैं जग में... माता सुनी**
**न कुमाता सबपे अमृत बरसाने वाली**
**सब जन उतारें तेरी आरती,**
**मनमोहन उतारे तेरी आरती ओ मैया...**

सोनिया मैडम जनार्दन से पूछती हैं : ये व्हाट इज दिस मैया मैया गैया आई डौंट अंडरस्टैंड। ट्रांसलेट इट यूपी चुनावी महारास के ट्रांस में चला जाता है। अब किसी को रास की जरूरत नहीं है मजा आ रहा है।

इतने रसिया साथ इकट्ठे हैं कि किशन राधा बने बच्चे नॉयडा की एक कोठी के पास लॉलीपॉप खाते देखे गए हैं।

## क्रेजी किया रे

इधर राजाओं के राजामंडल दुलारे कमंडल हिलारे राज बब्बर भैया के साथ 'क्रेजी किया रे' की धुन पर ठुमकायमान हैं :

**रिजर्वेशन मिला रे। अर्जुन तुमसे पहले मैंने दिया रे।**
**दादरी की चादरी नहीं रे**
**मुलायम मुलायम नहीं रे।**
**क्रेजी किया रे**

ऐसी यूपी में ऐसा ही फ्राड हो सकता है रास हो सकता है... बोल बिंदावन बिहारी लाल की जै।

# घरेलू हिंसा-हिंसा न भवति

एक मायने में परिवार का ढाँचा ही एक हिंसा है। घरेलू हिंसा कुटीर उद्योग की तरह होती है। कुटीर उद्योग में काम होता दिखता है। कुटिया के लोग मजदूर नहीं कहे जाते। उन्हें पगार नहीं दी जाती। तथा माता 'साकेत' में गाती ही हैं—मेरी कुटिया में राजभवन मन भाया!

पता नहीं साहित्य की कितनी सीताएँ इसी भ्रम में आज भी रहती हैं। कुटिया में पगार के बदले प्यार दिया जाता है। पगार से प्यार ज्यादा मीठा लगता है। प्यार में पगार की जरूरत ही नहीं रहती। प्यार बड़ा है पगार तुच्छ। हे साहित्य के प्यारे लाल! प्यार के इस मूल्य में इस वक्त भी हिंसा हो रही है? क्या कर लोगे?

हिंदी साहित्य में घरेलू हिंसा का जगह-जगह चित्रण हुआ है, हो रहा है, लेकिन यह नितांत नित्य नवीन और मौलिक रमणीय कुटीरी हिंसा है। इसलिए परंपरा की छलना में छिप जाती है। कुटिया की कुटाई-पिटाई के निशान नहीं पड़ते। पड़ते हैं तो दिखते नहीं। समीक्षा को निशान दिखाई नहीं देते। समीक्षक खुद ऐसी कुटाई में यकीन करते हैं।

तथ्य बताते हैं कि हिंदी के साहित्यकार घरेलू हिंसा के आदी रहे हैं। वे 'बिचुअल ऑफेंडर' की कोटि में आते हैं। और यह भी एक रिकार्ड है कि उनमें से किसी को इसकी कभी सजा नहीं मिली। मिलेगी तो वे फिर सब मिलकर दस्तखत करने कराने निकल पड़ेंगे।

यदि नया कानून बैक-डेट से लागू कर दिया जाए या कि कोई साहित्य की सताई जा चुकी सहधर्मिणी कभी बैक-डेट की अपमानजनक बात लेकर पुलिस को बता दे कि फलाने ने मुझे तब ये कहा था, ये अपमान किया था, उस दिन कहा था : 'कैसी बोडम औरत है? मेरी कविता कहानी तक नहीं समझती...' तो प्यारे भाई पता नहीं कितने साहित्यकार अंदर हो जाएँ।

एक ऐतिहासिक सवाल यह उठ रहा है कि कौन-कौन साहित्यकार कब, किस तरह कितनी घरेलू हिंसा अब तक कर चुका है और उसे अब तक किस के लिए कितना जुर्माना देना पड़ सकता है या कितनी सजा हो सकती है।

हिंदी साहित्यकार अक्सर ही ओरिजिनल बीवी को मय दो चार बीमार बच्चों के अपने उसी जनपद में छोड़ देता है, जिस जनपद के गीत वह महानगर में आकर गाता रहता है और महानगर में अपने सगोतियों के बीच घरेलू कुटीरी यथार्थ को भूलने की कला को परवान चढ़ाने के लिए नित्यप्रति पहले दारू बाद में दवा आदि का सेवन करता रहता है। इस जनपद में उसकी इसी भाँति पद प्रतिष्ठा होती है, मगर इसमें बीवी बच्चे नहीं होते। हिंदी में गाँव जवार जनपद क्रांतिकारिता के गरमागरम पद हैं। इनमें कहीं न कहीं एक छोड़ी हुई बीवी मय भूखे दूखे बच्चों के साथ रोती रहती है। समाज का रोना सुनाई पड़ता है। कवि कथाकार को उसका रोना नहीं सुनाई पड़ता।

नई कहानी के कथाकार तो अपने मरणपूर्व संस्मरणों में ही बता चुके हैं कि वे घरेलू हिंसा के कितने प्रकार के प्रयोग करते रहे हैं। कइयों के साथ करते रहे हैं। 'लिव इन' पार्टनर तक के साथ करते रहे हैं। बीवियाँ कविता कहानी की तरह रही हैं। काटूँ पीटूँ। कुछ करूँ। मेरी रचना है।

साहित्य में समाज रहता है। समाज में घर नहीं रहता। कारण कि घर में एक छोड़ी हुई बीवी की अपराध भरी याद और नई लिवइन लेडी याद की उपस्थिति! उसके बाल वृंद। तिस पर रचना की महानता की दौड़। इसमें हिंसा करते हुए भी सहते हुए भी फील नहीं होती।

एक बड़े ने जीवनभर अपनी बीवी को गाँव में छोड़े रखा। एक बूढ़े ने अपनी रचनाकार बीमार बीवी को छोड़ दिया। एक युवा रचनाकार ने दूजी रख ली। पता नहीं किस-किस ने क्या-क्या कर डाला और प्यारे भाई सब कानून की हद से अब तक बाहर हैं।

घरेलू हिंसा के मामले में प्रगतिशील और रूपवादी एक हैं। दोनों का यह कुटीर उद्योग एक-सा चलता है। त्याग और भोग दोनों में समान तत्त्व है। यही दोनों करते हैं। यह कल्पना नहीं है सच है। कानून इधर नजर नहीं डालता कि उकसावे वाले साहित्य पर किस तरह से कार्रवाई की जाए। सोचना चाहिए। वे आत्मकथाएँ वे कथा कहानियाँ कविताएँ देखी जानी चाहिए जिनमें इस तरह के अनंत कोटियों वाली नरम-गरम हिंसा को उकसाने के उदात्त सीन मौजूद हैं, जिन्हें पढ़कर हिंसा सहने के लिए औरत नरम हो जाती हैं और मर्द गरम।

हिंदी के मर्द लेखक बात-बात पर दस्तखत करते रहते हैं समाज के बड़े मुद्दों को लेकर वे दिन-रात दुबले होते रहते हैं और दस्तखत कर फाइट करते रहते हैं। दस्तखत तो कर लेते हैं। साक्षर ठहरे! अच्छा है।

आप साहित्य का अब तक का इतिहास देखें। हर जगह घरेलू उत्पीड़न लिखा है हर तरफ मटुक फैक्टर थोक भाव से उपलब्ध है। हिंदी में कोई मटुकपंथी है तो कोई बटुकपंथी है। विचारधाराओं के कमिटमेंटों के डिजाइंड लबादों के भीतर ये पंथ चलते रहते हैं।

**हिंदुस्तान : 5 नवंबर, 2006**

# एंड संतति की जय

'एंड संस' के बाद 'एंड डॉटर्स' का जमाना आ गया है। फादर-मदर, पति-पत्नी, संस एंड डॉटर्स, नाती-पोते, पड़पोती-पड़पोते की लाइनें लगी हैं। संततिवाद की जय हो रही है। बिजनेस में लाइन लगी है। बालीवुड में लाइन पर लाइन है। राजनीति में लाइन पर लाइन लगी है।

सब्जीवाला अपने होनहार को फड़ पर बैठाता है तो बालीवुड वाला क्यों न बिठाए? नेताजी क्यों न बिठाएँ, अपनी परंपरा है, कोई क्या कर लेगा?

यहाँ गद्‌दी की परंपरा है। बाप की गद्‌दी बेटे को या अधिक उदारवादी यानी मजबूर हुआ तो बेटी को भी गद्दी दे देता है, अद्‌भुत व्यवस्था है।

इतिहास है कि राजनीति में यह नितांत कांग्रेसी परंपरा ठहरी। नेहरू जनतंत्र में यकीन करते रहे मगर, डॉटर को आगे आने दिया। लोहिया टाइप के विरोधी चीख-चीख कर मर गए मगर होनी होके रही। उनकी आल औलाद होती तो वो भी कहीं लाइन में लगी होती। भारतीय परंपरा में एक दिन सबको आना पड़ता है। कांग्रेस ने सिद्ध कर दिया। बाकी दलों को अक्ल आने में पचास साल लग गए।

याद करें, नेहरू की डॉटर ने भी जनतंत्र में यकीन किया। सुपुत्रों को उनका हक जरूर दिया। कौन माता नहीं देती। पूत कपूत हो सकते हैं माता कुमाता कभी नहीं हो सकती।

कांग्रेस ने एक महान परंपरा डाली। राजनीति को मैनेज करने की भारतीय मौलिक परंपरा! इन दिनों पश्चिम भी इससे सबक ले रहा है। फेमिलीवाद अपना सबसे महत्त्वपूर्ण एक्सपोर्ट आइटम है। अमरीका में इसकी डिमांड बढ़ी है। इंग्लैंड में भी बाजार बनेगा। बुश के भाई हक-ए-वारिसान का दावा कर रहे हैं। क्लिंटन की पत्नी हिलेरी लाइन में लगी हैं। बुश को हिलाए दे रही हैं। अमरीका की सारी मैनेजेरियल क्रांति धरी रह गई है। फेमिली क्रांति लौट के आ रही है।

अपने यहाँ समाजवादियों ने कांग्रेसी परिवारवाद का सदा ही विरोध किया। लेकिन परम समाजवादी साथी लालूजी के समाजवाद में उनकी पत्नी राबड़ी देवी जी आगे आके रहीं। सत्ता के संग नारी अधिकार निभा दिए! है न मौलिक बात।

चरण सिंह भी एंटी-परिवारवाद के मारे थे। लेकिन उनकी गद्दी उनके सुपुत्र को मिली। जगजीवन राम की सुपुत्री उनके बाद आगे आईं।

बाल ठाकरे अपने लाड़ले को लेकर मैदान में आए, भतीजा अलग हो गया। पार्टी टूट गई मगर बेटा मोह न टूटा। सिद्धांतवाद परिवारवाद में घुस गया है। लेटेस्ट खेल अपने शरद भैया का रहा। कांग्रेस के परिवारवाद के खिलाफ किसी युग में जम कर लड़े लेकिन मौका मिलते ही अपनी बेटी को आगे कर दिया। वारिसी डॉटर को दी। उधर वूमन एंपावरमेंट भी हो गया! एक पंथ दो काज। टू इन वन।

किसी देश में हैं ऐसे कुशल राजनीतिज्ञ जो एक तीर से दर्जन शिकार करते हैं! अरे ये अपना ही सौ फीसदी स्वदेशी फारमूला है।

पश्चिम के लोग क्या जानें? इस देश की मैनेजेरियल परंपरा बड़ी पुरानी है और आज भी बहुत टिकाऊ है। वेदों से चली आती है। परिवार है। कुल है। गोत्र है। गाँव है। मुहल्ला है। देश है। सब एकदम स्वदेशी हैं! स्वदेशी मैनेजेरियल क्रांति के अपने आधारभूत तत्त्व हैं। राजनीति में असल चीज 'रिश्ते ही रिश्ते हैं।'

आजादी मिली, जनतंत्र आया तो मूर्खों को लगा कि सब बराबर हो जाएगा। नए जनतांत्रिक रिश्ते बनेंगे। परिवारतांत्रिक ही बने रहे। भरोसे के रिश्ते वहीं रहे। जनतंत्र अपनी जगह रहा। 'रिश्ते ही रिश्ते अपनी जगह।'

बॉलीवुड में तो संततियों की परंपरा चली आई है। टीवी में भी दिखने लगी है। कपूर खानदान को कौन नहीं जानता? चार पीढ़ी से लगातार संतति परंपरा में है। अब तो एक से एक परंपरा वाले हैं। किसी का बेटा लाइन में है, किसी की बेटी लाइन में है। भाई बहन लाइन में लगे हैं। प्रतिभाशाली लोगों के जीन्स में प्रतिभा होती है। उनके बच्चे प्रतिभाशाली होते हैं, इसलिए उन्हीं का हक बनता है।

विरोधी क्या जानें? उनके आल औलाद तो होती नहीं। होती है तो निकम्मी होती है। उसका क्या करें? इसलिए परिवारवाद के विरोध में हो जाते हैं।

प्रतिभाशाली परिवार का आदमी क्या इसलिए भूखा मर जाए कि वह प्रतिभाशाली परिवार की पैदाइश है? जनतंत्र है तो उसे भी अपना हक चाहिए। वह अपना हक लेगा ही। बाप या माँ उसे देगी ही। नहीं देंगे तो आप ही कहेंगे : कैसा निर्मोही बाप निकला? फेमिलीवाद के कई फायदे हैं। आदमी अपने कुल गोत्र की शरम करता है। पकड़ में जल्दी आ जाता है। वड़े बूढ़ों का दबाव मानता है। इसी तरह अब तक समाज चलता आया है। घर का माल घर में रहता है। इधर-उधर बिखरता नहीं। अपने यहाँ पूँजीवाद परिवारवाद का पर्याय बन कर आया है।

यही राजनीति का उत्तर-आधुनिक फैक्टर है। 'पर्सनल ही पॉलिटिकल है।' राजनीति में रिश्ते ही रिश्ते लौट रहे हैं। मूल्य बन रहे हैं।

हम भारत के उज्ज्वल भविष्य की कामना यों ही नहीं करते। ठोस कारण जो हैं। अरे अपने भी बाल बच्चे हैं भाई? साहित्य में फेमिलीवाद रहा है। उसे बढ़ाया क्यों न जाए?

**समाचार-विचार पाक्षिक : 16 नवंबर, 2006**

# गरीबी हटाओ—एक रीमेक

'रीमेक' का युग है। हिट चीजों के रीमेक बनाने का फैशन जोरों पर है। 'देवदास' का रीमेक बनाया। संजय लीला भंसाली ने एक से एक दिव्य भव्य सेट डालकर देवदास की प्रेम कहानी को ग्लैमरित कर डाला। ग्लैमर मारते ही रीमेक हिट हो गई। ग्लैमर मारकर पुरानी चीज हिट करने का चलन बढ़ चला है। कारण है नई मौलिक बना नहीं सकते सो पुरानी की ही नकल असली की तरह चलाई जा सकती है। जब कोई नया विचार नहीं होता तो पुराने को थोड़ा धो-माँजकर काजल-आँजकर नया कहकर काम चलाया जाता है। रीमेक का कल्चर मौलिक विचार से नहीं पैकिंग से तय होता है। पैकिंग ठीक है तो सब ठीक है। बाजार में लेवाल हैं। इसी चलन को देखकर अब बॉलीवुड ने शोले और डॉन का रीमेक बना डाला है।

चूँकि यह रीमेक का युग है। हर चीज पर रीमेक कल्चर का असर दिखता है। राजनीति पर तो इसका असर एकदम 'मूव' की तरह हुआ है। कमर दर्द? जरा सा मलो! काम पर चलो...

रीमेक कल्चर का नतीजा है कि राजनीति में 'गरीबी हटाओ' नामक कांग्रेस की क्लासिकल सुपरहिट फिल्म का रीमेक बनाने की घोषणा कर दी गई है।

जैसा कि बॉलीवुड में हुआ उसी तरह राजनीति में हुआ, पहले आइडिया आया। आइडिया पर विचार हुआ, मुहूर्त देखा गया। मल्टीनेशनल फाइनेंसर चाहते थे कि वक्त के हिसाब से उसके नाम में 'हटाओं' शब्द की जगह 'उन्मूलन' रख दिया जाए। 'गरीबी उन्मूलन' बनाई जाए, लेकिन उन्मूलन में 'तृणमूलन' के मिक्स का खतरा दिखा। बोलने में भी थोड़ा संस्कृतीकृत-संघी मार्का मामला दिखा सो लौट के गरीबी हटाओ की घोषणा कर दी गई।

'गरीबी हटाओ' के रीमेक को राजनीति के संजय लीला भंसाली बनाने जा रहे हैं। यहाँ हम उक्त सुपरहिट फिल्म के अब तक जल्दी-जल्दी शूट किए गए कुछ सीनों को दिखाने वाली प्रेस प्रोमों कॉन्फ्रेंस की जानकारी दे रहे हैं :

**ओपनिंग सीन इस प्रकार है :** पेज थ्री पर परमानेंटली मँडराने वाला जेम्स बांड मार्का एक जासूस अपने लैंस से गरीबी को ढूँढ़ता फिर रहा है। कभी वह गरीबी की रेखा के नीचे झाँकता है कभी उसके ऊपर। गरीबी कहीं नजर नहीं आती।

**दूसरा सीन :** इस ओपनिंग सीन में गरीबी पंच सितारा होटल के स्वीमिंग पूल में बिकनी पहन स्नानावती हो रही है। उधर एक बहुराष्ट्रीय बहुरुपिया बना अपना जेम्स बांड हीरो बुश का मास्क लगाए उसे निहार रहा है और स्कॉच से गला तर कर रहा है। बैकग्राउंड में हिमेश रेशमिया की कानकाट आवाज 'लवली पॉवर्टी, तू ही मेरी प्रापर्टी, तू ही मेरी लिबर्टी झलक दिखला जा' का एक रीमिक्स सुनाती चलती है।

**तीसरा सीन :** पंच सितारा होटल में सौ टंच इंपोर्टेड कंच का डिस्को प्लेटफार्म बना है। चिलमेश्वर धुआँ उठ रहा है। अमेरिकी बम-पटाखों की तेज बीट पर ग्लोबल लोग थिरक रहे हैं, उनकी तोंदें हिल रही हैं!

'बिकनी-सज्जित-कभी-न-लज्जित' गरीबी का पेज थ्री वाला अपना बहुराष्ट्रीय फ्रेंड फिर दिख गया है। वह उसके साथ एक ऐसा नाच नाचने लगी है जिसे डिफाइन करना बड़े-बड़े उदय शंकरों के बस का नहीं। उसमें भरत नाट्यम की टाँग और कुचिपड़ी कथकली की आँख के से 'मिक्लासिकल' कथक की नाक और मैडोना-माइकल जैक्सन के सेक्सी देह-तोड़ ब्रांड जबर्दस्त मिक्स हैं। यह गाना हिट होने वाला है। उसके ग्लोबल बोल हैं। 'पॉवर्टी-पॉवर्टी लवली पॉवर्टी तू छुपी है कहाँ? तू छपी है कहाँ? मैं तरसता यहाँ तेरे बिन सूना-सूना है दिल का जहाँ तू छपी है कहाँ।'

मैं छुपी हूँ पिया तेरी पलकन में तेरी धड़कन में तेरी हर साँस में तेरी हर आस में...

'पॉवर्टी-पॉवर्टी हाउ आर यू फीलिंग इन दिस एज ऑफ न्यू डीलिंग पॉवर्टी गाती है : दिस इज द एज ऑफ ग्लोबल फ्री व्हीलिंग का आइटम सांग। डिंग डांग ओ बेबी सिंग अ सोंग...

कट... अगले सीन में गरीबी मैडम का मर्डर हो जाता है। पुलिस की जीप सायरन बजाती आती है तो वही गाना सुनाई पड़ता है : लवली पॉवर्टी तू छुपी है कहाँ? हाय?

अगला सीन एकदम क्लाइमैक्स वाला है। गरीबी की बिकनी सज्जित देह को कैमरा छूता हुआ निकल रहा है। दुनियाभर के पपराजी लगे हैं कि गरीबी की सेक्सी बॉडी का असल सीन असल एंगिल से किसी तरह मिल जाए तो करोड़ों डॉलरों में बिकेगा। बहुत कंपटीशन है। उधर चैनलों में मारामारी है कि गरीबी की एक हॉट बाइट किसी तरह नसीब हो जाए तो टीआरपी अपनी।

प्रेस कॉन्फ्रेंस करता गरीबी हटाओ का पीआर कहता है : देखिए गरीबी का मरना कन्फर्म हो चुका है। हमने कोई तीस साल पहले हटाने का वादा किया था। उसे पंच सितारा में रखा लेकिन आदत से लाचार थी हमेशा नग्न रहती थी तब हमने उसे बिकनी दी। पंच सितारा व्यंजन दिए। वह मस्त हो गई। कल रात ज्यादा पी गई। कोई उससे 'इंडीसेंट प्रपोजल' करने लगा। जब गरीबी ने शटअप कहा तो गोली मार दी।

अंत भला सो सब भला। गरीबी हटी तो वो अपनी माँ की आखिरी निशानी थी। उसके वली वारिस अमेरिका में किसी वर्ल्ड बैंक में रहते हैं। अब वही उसके आर्कइव बनाएँगे। गरीबी देखने को जरूर मिलेगी तभी तो ये फिल्म बनाई जा रही है। आइंदा गरीबी झोंपड़ी में रहने वाली फटी साड़ी में नहीं दिखेगी, क्योंकि गरीबी तो मन की होती है। हमने तन-मन की गरीबी को तन-मन से दूर किया है। जिस क्लब में नाचती थी उसे 'ग्लोबल धरोहर बना दिया जाएगा। टूरिस्ट स्पॉट बनाया जाएगा।'

अब आपको यकीन आ गया न कि राजनीति में युग आ गया है। एक दिन पूरी सरकारें रीमेक की तरह करेंगी, उनमें रीमिक्स की तरह की योजनाएँ रहीं पुरानी मिक्स इकनॉमी का रीमिक्स इसी तरह बनता अपने यहाँ पता नहीं कब से बन रहा है।

गरीबी हटाओ की मूल फिल्म इंदिराजी ने बनाई। हिट रही। एक हिंदी कवि ने गरीबी हटाओ पर प्रेरणा गीत भी लिखा :

वे कहते हैं इंदिरा हटाओ, हम कहते हैं गरीबी हटाओ। वोटर इस गीत पर फिदा हो गए थोक में वोट मिलें 'गरीबी हटाओ' फिल्म सुपरहिट हो गई। हिट होते ही फिल्म की रेखा धन्य हो गई। उसकी पूछ बढ़ गई। बडे इनवेस्टर पता करने लगे कि अब रेखा का क्या हाल है? रेखा कहने लगी जिसे देखो छेड़ता रहता है। उसने शिकायत महारानी से की जब आपने मुझसे हटने को कहा मैं एकदम आपके महल से दूर कहीं रहा करती हूँ। कभी शिकायत करती हूँ। तब भी हर दिन कोई न कोई आकर मेरी राजी खुशी क्यों लेता रहता है, मुए आराम से मरने भी नहीं देते। महारानीजी ने कहा कि तुझसे हटने को किसने कहा जरा कपड़े बदलने को कहा था। सब्र की डोज लेती एक दिन तू हट जाएगी।

बस बाद के वारिसों ने इसी आइडिया को पहली बार गरीबी को सेक्सी रीमेक बना डाला। सेक्सी बनते ही हिट हो गई।

उक्त रीमेक इसी तरह बन रही है। रिलीज कब करें। टिकट बुक अभी से करा लें। फिर न कहना दर्शन नहीं हुए। उसका अल्बम रिलीज हुआ है जिसका आइटम सांग हमने आपको रिपोर्ट किया है।

नई दुनिया : 29 अक्तूबर, 2006

# गरीबी का दिल्ली हाट

दिल्ली की सफाई हो रही है। कपड़ों की सफाई निरमा सर्फ करता है, मन की सफाई भक्ति अध्यात्म करता है। दिल्ली की सफाई सरकार करती है।

पाँच लाख दुकानदार साफ होने हैं। पच्चीस लाख उनमें काम करने वाले बेकार किए जाने हैं। दिल्ली को पेरिस, न्यूयार्क या शंघाई बनाना है न!

उस दिन नई मिस वर्ल्ड जूलिया रिवेरो जब मुंबई की एक गरीब बस्ती में गरीबी को करुणा का आइटम सीन देने पहुँची तो बीमार पड़ गई। गंदगी से गश आ गया। वे गिरते पड़ते जीवित लौट पाईं। उनके रक्षक पौंड्स, लक्मे, गार्नियर वालों को मिरगी आ गई कि मिस वर्ल्ड कहीं वर्ल्ड को ही मिस न कर जाएँ।

लेकिन भारत की गरीबी भी धाकड़ निकली। मैडम का सारा सौंदर्य निकाल दिया। बहुराष्ट्रीय निगमों की प्रसाधन सामग्री की लकुटिया से ताने गए सौंदर्य को बेहोश कर दिया। वे भागीं। उन्हें अपनी दिल्ली आना था। लेकिन आसमान से ही टाटा कर दिया। मुँह बिचका दिया कि दिल्ली नहीं उतरूँगी। गरीबी में बड़ी छूत है। छह महीने तक इलाज कराना पड़ेगा।

मिस वर्ल्ड को जीना है तो सफाई करनी होगी। दिल्ली की हो रही है। मुबंई की हो रही है और होगी।

लेकिन करें क्या? गरीबी अपना मौलिक आइटम है। सब तरह की गरीबी अपने यहाँ मिलेगी। रहने-सहने की मिलेगी। खाने-पीने की मिलेगी। दिलो-दिमाग की मिलेगी, जेब की मिलेगी, पाजेब की मिलेगी, घर की मिलेगी, अमीर की मिलेगी, गरीब की भी मिलेगी।

गरीबी अमीरों को रोजगार देती है। उसके होते अमीर आत्मा को प्रायश्चित करने के लिए भटकना नहीं पड़ता। घर के बाजू में गैया-बछिया, कुत्तों-पिल्लों की तरह पड़ी मिल जाती है। एक टुकड़ा डाल दो। बस खुश हो जाती है।

कुछ लोग उसका हाल-चाल पूछने के लिए सर्वे करते ही रहते हैं। कई बार उन्होंने सोचा कि इधर का आदमी गरीबी में इतना मस्त रहता है? खुश रहने का सर्वे कर, कारण पता किया। यहाँ के लोग इतने गरीबी में भी इतने सुखी कैसे दिखते हैं? उन्होंने पाया कि गरीबी का स्थायी भाव मस्त रहना है। गरीब आदमी खुश रहने

के अलावा कुछ नहीं कर सकता। रोना तो जन्म से मृत्यु तक ऐसे ही साथ है। कब तक रोएँ?

यह देख सर्वेकारों ने नतीजा निकाला कि गरीबी रहनी चाहिए। उसे एकदम दूर करना एक महान संस्कृति को दूर करना है। यह पाप होगा। वह रहेगी तो मिस वर्ल्ड, मिस यूनीवर्स, हॉलीवुड की स्टार लोगों को करुणा का सीन देने के मौके मिलते रहेंगे। इसलिए अमीर देश अमीर लोग अब गरीबी को एक आइटम की तरह रखते हैं। पूरी तरह हटाने की जगह एक कोने में रख सजाने का काम करते हैं। मेकअप से काम चलाते हैं।

गरीबी का मेकअप कर देने से चेहरा चमक जाता है। हाथ पाँव सूखे रहते हैं। यह कंट्रास्ट बड़ा कल्चरल होता है। मीडिया के कैमरे गरीबी को क्लिक करके धन्य होते हैं। बेस्ट फोटो का एवार्ड मिलता है।

इस खातिर पिछले दिनों जब करुणा का दौरा पड़ा तो दुनिया की सबसे बड़ी गायक स्टार मैडोना ने एक गरीब देश के गरीब बच्चे को गोद लेना चाहा कि उसकी गरीबी का मेकअप हो जाए। बच्चे के माता-पिता बोले कि बहना पहले ही इतने गोद ले रखे हैं। उन्हीं से अपनी करुणा का पेट भर लो। इसका क्या करोगी? वो बोली : ये मेरे अगले डांस एल्बम का असली सीन देने वाला बालक होगा!

गरीबी एक अमीरी के लिए सीन भर है, सेट भर है, वह न रहेगी तो करुणा अपना ड्रामा न कर सकेगी। बड़े लोग जब विजिट करने आएँगे तो क्या देखने जाएँगे ताज महल? नहीं गरीबी देखने जाएँगे इसलिए गरीबी का थोड़ा मेकअप कर दो।

मेकअप करने का प्रयोग दिल्ली में चल रहा है, गरीबी हट रही है रिलायंस-वॉलमार्ट-स्पांसर्स आ रहे हैं। बहुराष्ट्रीय कंपनियाँ पचास मंजिले मॉल्स बनाने जा रही हैं। मॉल्स तक गाड़ी सर्र से निकले लेकिन झुग्गी ढाबा नुक्कड़ की दुकान आड़े आ जाती है, तो उसे हटाया जाना है न! कामन वेल्थ से हैल्थ बनाने वाले मानकर चलते हैं कि वॉलमार्ट के अरबपतियों के मुकाबले नुक्कड़ का लालाराम परचुनिया गलत जगह पर कब्जा करने वाला गरीबी का आइटम है, उसे हटाओ। पच्चीस लाख लालाराम हटने वाले हैं। कुछ बड़े लालाराम हटेंगे। वे अपनी गरीबी में लौट जाने चाहिए। गरीबी की 'दिल्ली हाट' अलग बना दी जाएगी।

दस-बीस साल में दिल्ली में मॉल्स ही मॉल्स होंगे। गरीबी उनके संडासों में झाड़ू लगाती रहेगी दरबान बनेगी, कामन वेल्थ की वेल्थ होगी। इस तरह जल्दी ही दिल्ली न्यूयार्क बनेगी। जो बीच में आएगा उसे बुलडोजर साफ कर देगा। ऊपर वालों का फरमान ऐसा ही है। क्या करें?

**समाचार-विचार पाक्षिक : 1 दिसंबर, 2006**

# देसी कार्निवाल होलीश्क

होली शुद्ध बिंदास इवेंट है। बिंदास होगा सो 'होलीश्क' करेगा। भाषाचिंतक मिखाइल बाख्तिन हिंदी में हुए होते तो अपने प्रख्यात निबंध 'कार्नीवालेस्क' लिखने की जगह 'होलीस्क' लिखते और बताते कि किस तरह होली में मस्ती का स्पेस एक जनतांत्रिक स्पेस बनता है और किस तरह उसमें टेसू के फूल और रंग बराबरी में बोला करते हैं।

'होलीस्क' को अँग्रेजी में न पढ़िए। बिंदास हिंदी में 'होलीश्क' की तरह बाँचिए। 'होलीश्क' यानी 'होली से इश्क'। उदास क्या जानें 'हैप्पी होलीश्क' का रंग। मिक्सिंग के बिना भाषा का रस नहीं बनता। हिंदी में होली मौसम की तरह है। उसे आना ही आना है। जैसे टेसू को कहीं भी हो खिलना ही खिलना है। और हिंदी में भी यह ब्रज के मूड का रंग है। ब्रज की रज में ही कुछ ऐसा है कि रज कब रस बन जाए, कब बरसने लगे, कुछ पता नहीं चलता।

बिंदास कवि नजीर अकबराबादी होली के हीरो 'रास रचैया के बाँकपन' पर इतने फिदा रहते थे कि एक के बाद एक उन्होंने तेरह होलियाँ लिखीं। हर होली पर एक होली नियम से कही। एक से एक कही। उनकी कविता का अधिकांश होली के मूड का है। अँग्रेजी में होली जरा मुश्किल से ही लिखी जाती है। अँग्रेजी बोलने वाले खेलते तो हैं, लेकिन उसे जब व्यक्त करते हैं तो प्राइवेट हिंदी में। अनुभव और भाषा के बीच ऐसी हिचक हिंदी में नहीं है। यही मातृभाषा की ताकत है कि आप कुछ काम सिर्फ उसमें ही कर पाते हैं, दूसरी भाषा में उस मस्ती के साथ नहीं कर पाते।

मस्ती का ट्रांस्लेशन बड़ा मुश्किल होता है। हिंदी ने अपनी गोरी बहन अँग्रेजी की इस मुश्किल को देखा तो उसका आसान हल भी दे दिया। उसे 'हैप्पी होली' कहकर उसके गोरे गाल पर हिंदी का रंग लगा दिया। होली 'हैप्पी होली' हो गई। हिंदी से दोस्ती कर अँग्रेजी में 'हैप्पी होली' कहना-कहलाना शुरू हो गया है। यह हैप्पी हिंदी की अपनी स्टाइल है। हैप्पी होली अब हिंदी का अपना शब्द लगता है। हिंदी की आदत के अनुसार ज्यों का त्यों अपना बना लिया है 'शुभ होली' कहना जँचता नहीं। 'हैप्पी होली' जमता है डबल 'ह' की शब्द-मैत्री का मजा दो भाषाओं

के दो शब्दों की 'होलीश्क' से है। हिंदी के चिर-अनहैप्पी जन पीकर भी अनहैप्पी बने रहते हैं।

पुराने सारे कवि होली को एक बिंदास इवेंट की तरह लेते हैं और उसको एक अनिवार्य पॉपुलर संदर्भ बनाकर छंद लिखते आए हैं। समकालीन कवि परंपरा के बिना आधुनिक हो गए हैं, वे होली भाव को साहित्य में वर्जित मानते हैं। गंभीरता का साइंड्रोम उन्हें भीतर ही भीतर खाए जाता है। मुहल्ले में होली होती है, घर में बाल-बच्चे मस्त होकर खेलते हैं, लेकिन कवि उदास होकर चिंतन बैठक करता है। घर में बीवी कहती है यार आज के दिन तो अपनी मनहूसियत उतारो। कहीं चले ही जाओ। लेकिन हिंदी का कवि रंग से डरता है।

केदार ने लिखा कि 'फूल नहीं रंग बोलते हैं' लेकिन हिंदी का नया कवि मन की मनहूसियत और तन की तनहूसियत के बीच आत्मसंघर्ष करता पाया जाता है और जन की जनहूसियत को जनसंघर्ष कहता रहता है। हिंदी की कविता एक सिक कविता है। सिक इंडस्ट्री तो सरकार ले लेती है यह ऐसा गैर उद्यमी निजी क्षेत्र है, जिसका अब कुछ नहीं किया जा सकता। उसमें अनेक मनोरोग विचरते हैं, उसे तुरत अस्पताल चाहिए या एक ठो होली की गोली चाहिए। होली भाव के लिए थोड़ा 'ब्रजभाव' चाहिए। ब्रज की रज चाहिए, ब्रजी का रस चाहिए। ब्रज के रसियों का रस बरसाना ही बरसाना है। बरसाना बरसाने वालों से बना होगा। एक क्रियापद संज्ञा बन गया। रस बरसेगा तो 'बरसाना' बनेगा। बरसाना बनेगा तो होली का रस बरसेगा। हिंदी में एक बरसाना हरेक को चाहिए। बरसाना यानी परम बिंदास भाव। युवा महानागर पीढ़ी में शायद ही कोई जानता हो कि प्रह्लाद कौन था? होलिका, उसकी बुआ ने उसे अपनी गोद में बिठाकर जलाने का उपक्रम किया था पर होलिका जल मरी और प्रह्लाद अक्षत निकल आया। प्रह्लाद के बचने की खुशी में शायद पहली होली मनाई गई हो। लेकिन होली है और हर बार है। आज भी कहीं न कहीं होलिका के ज्वलन भाव का दहन होता रहता है। कहीं-कहीं रोल बदल गए हैं। आज के कथित भक्त प्रह्लाद खुद होलिका बनकर वेलंटाइनों रूपी नए प्रह्लादों पर हमले करते रहते हैं। 'निःशब्द' के पोस्टर जलाने का उपक्रम करते रहते हैं। जाहिर है कि उनमें होली-भाव नहीं है।

होली-भाव का होना जनतंत्र का होना है। सहने और साथ-साथ रहने-बहने की आदत का होना है। मस्ती उसका स्थायी है। रस उसका आनंद है। यही 'होलीश्क' है। यह अपना देसी 'कार्निवालस्क' है।

**हिंदुस्तान : 25 फरवरी, 2007**

# सजा का सीजन

इससे पहले सजा का सीजन बड़ा लंबा 'लीन पीरियड' रहा है। सजा होते-होते रह जाती रही। कहीं गवाह टूट जाते कहीं प्रमाण फूट जाते। महान अपराधों की दुनिया के बादशाह अपनी-अपनी संसदों में सरकारों में यानी अपनी-अपनी दुबइयों और कराचियों में दिल्लियों में बैठ हिंदी की अपराध फिल्में देखते। बॉलीवुड को अपने लिए सीन पर सीन डिक्टेट करते रहते। कैसेट सीडी वीसीडी बनाकर अपने चैनलों में भेजते रहते। चैनल बजाते रहते। वे अपनी गंगा-मोनिका अप्सराओं के बीच फिल्मी सीन देते। देखते रहते और बोर फील करते रहते। सजा का लंबा पीरियड असह्य पीड़ा देता।

उन्हें रंज होता। हजार अपराध करके दिखा दिए मगर इस बेकार से मुल्क में सजा है कि होके नहीं हो रही। ऐसे तमाम महान वीर हत्या, बमकांड, तस्करी, दंगा-फसाद के तरह-तरह के प्रयोग कर करके बुरी तरह ऊबने लगे। भारत के न्याय विधान में उनका यकीन उठ गया। सुधार के लिए कहने लगे ताकि उन्हें कुछ तो सजा मिल सके। समाज में मुँह दिखाने लायक तो हो सकें। अपनी उदार उधार इकनॉमी की तरह उदार महान हैं हमारे समय के अपराधी।

अदालतों से उनका परम संताप देखा न गया। रावण जब अपराध करते-करते बोर हो गया तो उसी ने अपने मोबाइल पर डिमांड की थी कि हे भगवन् अब तो सजा दे दो। उसे सजा मिली थी तो वह भी परमपद को प्राप्त हुआ था। अपने यहाँ का न्याय विधान है ही ऐसा करुणा वत्सल! जिसे सजा मिलती है उसे परमपद की प्राप्ति होती है।

जिसका कोई नहीं होता उसका या तो अपराध होता है या न्याय। न्याय से अपनी ऐसी बदनामी सही नहीं गई तो वो जरा एक्टिव हो गया। फर्स्ट गीयर में आते ही सजा होने लगी। एक के बाद एक टॉप के मुजरिम सामने आने लगे।

सजा का सीजन मुजरिमों का 'फीलगुड' मौसम हुआ करता है। उनके भविष्य के सारे बंद कपाट 'खुल जा सिमसिम' हो जाते हैं। राजनीति उन्हें बुलाने लगती

है। अपराधी वर्ग में उनकी कद्र बढ़ जाती है। उनका स्टॉक बढ़ने लगता है। जिस तरह इनकम टैक्स की रेड पड़ते ही बंदे के भाव बढ़ जाते हैं, उसका माकरेट बढ़ जाता है उसी तरह अपराधीजनों का बढ़ता है।

अब तो मुंबई स्टॉक एक्सचेंज में अपराध के बाजार के बेताज बादशाह 'क्राइम डॉटकॉम इनकोरपोरेशन' अपना पब्लिक इशू भी निकालने की सोच रहा है। खबर है।

सजा में मजा है मजा में सजा है। एक दो साल पुराने 'प्राचीन काल' में जब एक अपराधी मध्य प्रदेश में पकड़ा गया तो टीवी कैमरों के आते ही बोला कि वो फूलन की तरह सांसद बनकर रहेगा। निर्भय गूजर को तो टीवी पर ही बयानों के फायर करता था।

सजा का भारतीय शास्त्र कहता है कि नेता अपराधी नहीं हो सकता अलबत्ता अपराधी नेता हो सकता है। इस तरह अपराध नेता में नहीं रहता। अपराध में नेता जरूर रह सकता है। यह अपनी राजनीति की मौलिक पहेली है कि अपराध और राजनीति एक न होते हुए एक-सी लगती है। दोनों में रिमिक्स चलता रहता है। जिस तरह राजनेता का भड़कीला बयान वोट बढ़ाता है, अपराधी का नए-नए एक्शन से बढ़ता है। नेता बोलता है मुजरिम करता है।

पिछले अरसे से अपने मुजरिम भाई इतना ही तो कहते रहे कि उनका अपराध बताया जाए। सजा दी जाए ताकि फ्यूचर सलामत रहे।

मुजरिम इन दिनों बड़े ही फ्यूचरिस्टिक तरीके से सोचने लगे हैं। 'दो आँख बारह हाथ' के अपराधियों का अतीत था भविष्य नहीं। नए मुजरिम भविष्य की प्लानिंग पंचवर्षीय, दस वर्षीय योजना की तर्ज पर करने लगे हैं यह उनका विकास है। विकास मूलक इकनॉमी की तरह वे आठ फीसदी की दर से नहीं आठ सौ फीसदी की दर से बढ़ते हैं।

अपराध इक्कीसवीं सदी का मल्टीनेशनल एनजीओ टाइप का उद्यम है भइए। हज़ार फीसदी के रेट से बढ़ेगा क्या कर लेंगे? आप एक दिन क्राइम डॉटकॉम का स्टॉक खरीदेंगे। रोज खबर छपा करेगी कि इतना अंक बढ़ा। प्रोफिट और सीएनबीसी बताएँगे कि अब शेयर खरीद लो। अच्छा है। दाउद का रेट ऊँचा है। छोटा राजन का डाउन है। क्राइम डॉटकॉम के म्यूचुअल फंड में एप्लाई करें कंडीशन एप्लाई।

संजू बाबा को सजा मिली। आँसू निकल पड़े। सिर्फ बंदूक रखने के अपराध का दोषी माना! भारी मन से बोले कि मैं न्यायालय का आदर करता हूँ थैंक्यू न्यायालय!

उधर एक अतिप्राचीन और भुला दिए गए केस में नवजोत सिद्धु साहब को सजा दे दी गई। ईमानदारी का दौरा पड़ा। तुरंत संसद छोड़ दी। हत्या का केस था लेकिन शहीद बनने की प्रेक्टिस करने लगे। और तो और महान अबू सलेम कह रहे हैं कि वे चुनाव लड़ेंगे। राजू भटनागर तो कह ही चुके हैं।

इन दिनों सजा होते ही लोग शहीदी देने वाले नेता बनने लगते हैं। ऐसे लवली मुजरिमों पर किसे प्यार नहीं आएगा?

जो भरा नहीं है भावों से
बहती जिसमें रस धार नहीं
वो हृदय नहीं है पत्थर है
जिसको मुजरिम से प्यार नहीं।

**समाचार-विचार पाक्षिक : 1 जनवरी, 2007**

# विदूषकत्व का नायकत्व

बिहार में यादव अल्पसंख्यक गये हैं तो कुर्मी-बनिए-बामन, ठाकुर आ गये हैं। जाति युद्ध में हिंदुत्व का तत्त्व मिलजुल गया है। वह एक नये चरण में दाखिल हो गया है। यह होना ही था। राजनीति में जब विदूषकत्व प्रवेश करता है और उसके जवाब में आप ताली पीटते हैं तो महँगी पड़ती है। यह आपको अपने गाल पर मारनी होती है।

लालू विदूषकी का एक मौलिक संस्करण रहे। उन्होंने इस चुनाव के आरंभ में ही समझ लिया था कि अंत समय आ रहा है इसलिए वे कुछ सीरियस हो गए थे। थोड़ा मेकओवर किया था। विकास की बातें ज्यादा करने लगे थे। प्रहसन के साथ विकास की बात जुड़ जाती है तो और भी हँसी पैदा होती है। मगर इस बार वे कुछ दिन गंभीर बन गए। विकास वह मंत्र है जिसे अगर जपा जाए और ढंग से न किया जाए तो जानलेवा हो जाता है। विदूषक को इस पचड़े में इतना नहीं जाना था। जनता को धोखा-धुप्पल से बनाया जा सकता है, यह विश्वास ही नेता को विदूषक बनाता है। हाथ की सफाई, कुछ विचित्र बॉडी लैंग्वेज और बोली-ठोली मजाकिया बातें उसे काम के नाम पर पर्याप्त सी नजर आती हैं। यही होता रहा। लालू यही करते रहे। लालू के स्वाभाविक हास्यास्पद पतन को समझने के लिए विदूषक और मीडिया के संबंधों को भी समझ लेना चाहिए। यह अजीब संबंध था। दोनों मिलकर एक-दूसरे की पिगी बैंकिंग करते थे। लालू ने खबरों को मजेदार बनाने का नुस्खा दिया। पिछड़े बिहार की जमीनी एथनिक संस्कृति को राजनीति में ढालकर मेट्रो मिजाज के चैनलों को एक गैर-नगरीय पिछड़ेपन का रस दिया। उधर लालू ने मीडिया के जरिए एक मस्त कलंदर छलिया की छवि बना डाली और छल को कला का दर्जा दे डाला। लोहिया की राजनीति का अंतिम हास्यास्पद संस्करण हुआ। राजनारायण से थोड़ा मौलिक। अलग।

मीडिया का उपयोग करके उन्होंने अपनी सामाजिक न्याय की राजनीतिक दुकान को लालू-राबड़ी एंड संस में बदल दिया। मीडिया के लिए इससे बेहतर आइटम नहीं मिल सकता था। अपनी मनहूसियत दूर करने के लिए वह लालू के पास दौड़ता। वह उपकृत करते। पूरे पंद्रह साल यही खेल रहा। पंद्रह साल के इस विराट महँगे प्रहसन के निर्माण में जितना लालू का हाथ रहा, उससे सवाया हाथ मीडिया का रहा। मीडिया ने बिहार

को हमेशा एक महा-मजाक माना। हाँ, लालू सरवाइव नहीं कर सके। मीडिया उनका उपयोग करके अलग हो गया। वह इसीलिए उनसे बड़ा विदूषक कहा जा सकता है।

आप बिना तेज विकास के सेकुलर सिर्फ कागज पर हो सकते हैं और सांप्रदायिकता से सिर्फ पिटाई खाते रह सकते हैं। पिछड़ापन तत्ववाद को जन्म देता ही है। वही हुआ है।

इसलिए सेकुलर गए हैं तो कूलर हिंदुत्ववादी आ गए हैं। लालू ने ही इनको रास्ता दिया है। अब आप इत्मीनान से लालू पर मुकदमों के खेल देखेंगे। कल तक परम पातकी कहे जाने वाले बूटा सिंह से न्यूट्रल चलेगा। रेल और बिहार आमने-सामने होंगे। कुछ दंगे-पंगे भी आगे के आइटम बनेंगे। आजकल लालू टेंशनाये हुए हैं। जिसका मुँह पान की पीक से किसी गुब्बारे की तरह फूला होता था, जो अपने हँसी-ठट्ठे के लिए जाना जाता जिसके पास टीवी वालों के लिए एक से एक नायाब बाइट होती थी और टीवी वालों की खबरों की सूनी दुनिया में हँसी बिखेरकर चलती थी, वही लालू अब बोले हैं कि वे टेंशन में हैं, अभी बात नहीं करेंगे। लिहाज के लिए वे नीतीश के गले लगे हैं। प्रेमचन्द के 'बड़े भाई साहब' छोटे भाई के पास होने पर जैसा फील किए थे वैसा ही किए हैं।

पता नहीं क्यों, लोहिया की राजनीतिक संतानों में विदूषकत्व के लिए होड़ लगी रही है। कभी इस काम के होल टाइमर राजनारायण थे, अब तीन-तीन हैं। लालू सर्वोपरि रहे। दूसरे नीतीश नजर आते हैं। तीसरे पर पासवान साहब, जिनके चलते बिहार में इतना ध्रुवीकरण हुआ कि नीतीश-भाजपा की सीटों की ओर ग्यारह से ज्यादा फीसद वोट गया। यह चुनाव बिहार की गतिहीनता का आत्मदंड है। विदूषकत्व की अपनी ही बनायी गयी सजा है। एक निराश जनता लंपटीकरण की प्रक्रिया में अपना गला दबाने को आतुर है। फाँसी का फंदा है जो उसने अपने गले में डाला है। इस सारे परिदृश्य में वामपंथ की मिट्टी खूब पलीद हुई। तीन बड़े सेकुलर वामपंथी समूह अपने ही इलाकों में खेत रहे। मार्क्सवादी पार्टी हो चाहे सीपीआई, दोनों की दुर्गत हुई। माले की भी कोई सुगति नहीं दिखती। उसके जनाधार को माओवादी ले जा रहे हैं।

तो भी लालू की राजनीति के विदूषकत्व पर तरस आता है। पंद्रह, पूरे पंद्रह साल इस आदमी ने सत्ता रखी मगर सिर्फ अपनों का ही पेट भरा। बिहार में कुछ नहीं हुआ। कुछ हुआ तो यह कि कुछ ओबीसीज को, उनमें भी यादवों को कुछ कुर्सियाँ मिल गयीं। बस यही सामाजिक न्याय दिखा। एक प्रतीकात्मक धीरे-धीरे आता ब्राह्मणवाद। ओबीसी नीचे से आता है तो ब्राह्मण की तरह तोंदू और तुष्ट होने लगता है। अपना, अपने कुनबे का पेट भरता है। यही मॉडल उसे दिया गया है। अस्मिता की राजनीति अस्मिता का भी पेट नहीं पाल सकी। अंततः सबसे पिछड़े विचारों को जगह दे बैठी। अब यूपीए को अपने भविष्य के बारे में सोचना है। दो रास्ते हैं—एक मनमोहन-सोनिया वामपंथ का मिला-जुला कुछ तिक्त कुछ मीठा विकासमूलक बाजारमूलक रास्ता जो तुरंत आराम नहीं देगा। दूसरा वही जो इंडिया शाइनिंग वाले हिंदुत्ववादी विदूषक तत्त्व का है जैसे जॉर्ज और नीतीश ने वैधता दी है।

# रिटायर की जिद न करो

काटो-काटो-काटो करबी साइत और कुसाइत क्या है?
मारो खाओ हाथ न आओ टायर और रिटायर क्या है?

हिंदी के एक कवि की पहली लाइन में इस लेखक ने दूसरी लाइन सिर्फ इसीलिए जोड़ी है कि अपने दादा सोमनाथ इन दिनों कुछ बहक गए से लगते हैं, पढ़ेंगे तो लाइन पर आ जाएँगे।

दादा सोमनाथ ने कुछ इस तरह प्रबोधा है कि राजनेताओं सांसदों आदि को अपनी रिटायरमेंट की उम्र के बारे में कुछ तो सोचना चाहिए। दादा चाहते हैं कि नेता लोग बुढ़ापे में केवल आराम करें। खामखां राजनीतिक पचड़े में न पड़ें। मगर नेता हैं कि खुद को न कभी टायर्ड मानते हैं न रिटायर्ड मानते हैं। अगर उनमें कहीं टूट-फूट हो भी जाती है तो रिटायर्ड होकर मेकओवर कराकर फिर नये-नये हो जाया करते हैं। नरसिंहराव जब पीएम बने तब थकेले से नजर आते थे, लेकिन गद्दी ने उन्हें ऐसा कर दिया कि दुलकी चाल से चलने लगे। अपने महाकवि अटल जी को ही देखें। जब इंडिया की शाइनिंग का खेल चला तो सबसे ज्यादा उनका चेहरा ही दैदीप्यमान दिखा।

यह अपने यहाँ का राजनीतिक-सांस्कृतिक और मनोहर यथार्थ है। लगता है सांस्कृतिक बोध में दादा का हाथ तंग है, जिस तरह से आदरणीय सुदर्शन जी का था। वे एक दिन पब्लिक में बौद्धिक कर बैठे कि अटल-आडवाणी को रिटायरमेंट ले लेना चाहिए...। दो महीने हो गए। एक नहीं हिला। सुदर्शन जी सचमुच ज्ञान दरिद्र है। अरे जिस मुल्क में भगवान तक के लिए 'कर बिनु कर्म करहि विधि नाना' मुहावरा बन चला हो (जिसका असल अर्थ है नाना-दादा लोग बिना हाथ-पाँव के भी कर्मरत रहा करते हैं), वहाँ हाथ-पाँव चला सकने वाले आदमी से रिटायर होने को कहना ज्यादती ही तो है। यह भारतीय संस्कृति की शांतनुव्याधि है कि अपने नाती-पोते की उम्र के छोरे भीष्म का दिल जिस पर आया, उससे खुद परम बुढ़ापे

में शादी की। अरे दादा यहाँ तो कहावतों पर जिंदगी चलती है... पुर्जा-पुर्जा कट मरे—तभू न छोड़े खेत...

दादा ने रिस्की स्टेटमेंट दिया है, जरा पहले देते तो कामरेड सुरजीत इसे पर्सनली ले लिए होते। तब भी ज्योति बाबू इसे आसानी से न जाने देंगे। अपना बंदा हमें ही रिटायर होने को कहता है? हम हो गए न? अब क्या चाहता है कि बोलती बंद रखें...। कम्यूनिस्टों में तो कभी कोई रिटायर नहीं होता। कम्यूनिस्टों को कोई रिटायर नहीं कर सकता। रिटायर न होना अँग्रेजी कल्चर के खिलाफ एक राजनीतिक विमर्श है। अँग्रेज रिटायरमेंट ले आए थे। रिटायर करके वे नये लोगों को जगह देते थे, लेकिन ये क्या? अनुभव का क्या विकल्प? पचास-साठ-सत्तर-अस्सी साल के पके बालों पिचके गालों धुँधली नजर में जो ज्ञान समाया रहता है वह नये लौंडों-लपाड़ों को क्या यों ही मिल जाएगा?

दादा पता नहीं क्यों ऐसी गलती कर बैठे कि सुदर्शन की लाइन पर बोल गए? संसदीय हवा लग गई होगी। पुराना दिमाग एंटीक पीस होता है। जितना पुराना होता जाता है, कीमत बढ़ती जाती है। देखते नहीं कि कोई आदमी सौ साल से ऊपर निकाल देता है तो उसका नागरिक स्वागत सत्कार किया जाता है। पुराने लोग पुरानी बिल्डिंग की तरह पेड़ की तरह पुराने नगीने की तरह पुराने चावल की तरह ज्यादा जायकेदार मजेदार होते जाते हैं। कायदे से तो ऐसे लोगों को हेरिटेज विभाग द्वारा अपनी देख-रेख में ले लेना चाहिए। रिटायर खिलाड़ी जरूर होते हैं, क्योंकि उम्र फॉर्म में नहीं रहने देती। मगर बाद में वे बोर्डों में आकर नयों की फॉर्म खराब करने में दत्तचित्त हो जाया करते हैं। उनकी नाक में दम कर देते हैं। चैपल रिटायर कर गए थे। यहाँ आकर कोच बन गए। अब देखिए दूसरों को रिटायर करने में लगे हैं। साहित्यकार तो रिटायर कभी नहीं होते।

अपने यहाँ जिंदगी एंट्री कराती है तो मौत एक्जिट कराती है। ईश्वर का विधान है भगवान की इस अद्‌भुत लीला में हस्तक्षेप करने वाले आप कौन? अरे अपनी भी तो उमर देखो... किसी ने कह दिया कि पहले आप अपनी उम्र देखें तो जाना पड़ेगा न...। भगवान ने संसार को कर्मप्रधान बनाया है। इसीलिए कर्म को महत्त्व दिया जाता है। गीता में भगवान श्रीकृष्ण ने अर्जुन को समझाया कि युद्ध भूमि में एंट्री के बाद तू गांडीव को त्याग रहा है मूर्ख? देख तेरे नाना-दादा-परदादा की उम्र के बंदे लड़ने के लिए ताल ठोंक रहे हैं। ये जवानों के जवान हैं बुड्‌ढे नहीं हैं। तू किस मोह में पड़कर हथियार डाल रहा है। रिटायर होना माँगता है? मुझे देख पता नहीं कितने युगों से ज्यों-का-त्यों वनपीस बना चला आ रहा हूँ। सतयुग में, त्रेता में मैं ही था कभी रिटायर हुआ? और तू मेरा चेला होते हुए भी रिटायर हो रहा है? धिक्कार है। क्या तेरे ये बूढ़े नाना-दादा-परदादा रिटायर हुए हैं जो तू भरी जवानी में इस तरह कायर होकर रिटायरमेंट माँग रहा है। तू रिटायर होगा तो तेरी चिता

को ये सब यहीं जला देंगे। इसलिए तू इनके ड्रामे में मत आ... रिटायर मत होना... मत हो... इनको कूट ले नहीं तो ये मिलकर तुझे कूट देंगे...।

हे पाठक! अर्जुन का फेमस मोह बुड्ढों के रिटायमेंट वाले ड्रामे से पैदा हुआ था। जब भगवान जी ने बुड्ढों की सारी असलियत समझाई कि कभी रिटायर नहीं होते तो यह जो कनविंस हुआ और गांडीव उठाया यह ह्युमन रिसोर्स मैनेजमेंट का मामला था और श्रीकृष्ण तो उसमें दक्ष थे ही। सो हे दादा... आज रिटायर की जिद न करो... यूँ ही पहलू में बैठे रहो... आज जाने की जिद न करो...।

# फ्रेंकफुर्ती ग्लोकुल

जो इधर होता है, वो उधर होता है। जो दिल्ली में होता है, वही फ्रेंकफुर्त में होता है और वही झुमरीतलैया में होता है। यह अनुभव का 'ग्लोकुल' होना है। यही ग्लोबल का गोकुल है।

दिल्ली में एडीज दिन में काटने का काम करता है। नाइट ड्यूटी नहीं करता। एक बार में तीन को ही काटता है। इसी तरह से वह झुमरीतलैया में करता है। मच्छरों में एकता है, तो मच्छरमार दवाइयों में भी है। ब्रिटेन में आतंकवादी पकड़े जाते हैं तो दिल्ली में कर्फ्यू लगता है।

उधर नास्डैक गिरता है, तो दलाल स्ट्रीट लुढ़क जाती है। उधर बुश हुश-हुश करते हैं, इधर यस-यस होने लगता है।

इधर बाजार और साहित्य पर बहस है, तो झुमरी में भी होनी तय समझिए। फ्रेंकफुर्त स्कूल में एडोर्नो और होर्खाइमर ने इसे 'कल्चर इंडस्ट्री' नामक किताब में कोई छह दशक पहले ही खोल दिया था। तब कल्चर इंडस्ट्री की बस आँखें ही खुली थीं। फ्रेंकफुर्त स्कूल अनाफिशियल मार्क्सवादियों का थिंकटैंक बना था। फिर कल्चर इंडस्ट्री की बेल फैल गई। 'का करेगो कोई'? अब तो 'ग्लोबल आनंद फल होई'। कहा न कि फ्रेंकफुर्त में है, वह दिल्ली में भी है और झुमरीतलैया में भी है। इधर कोक-पेप्सी है, तो उधर भी तो है। इधर मारुति, सेंट्रो, स्कोडा, स्कोर्पियो है, तो उधर भी है। एकदम समत्वमूलक समाज बन चला है। बीस तरह के शेंपू, पचास तरह के पान मसाले और तीन सौ तरह के बनियान कच्छे इधर भी हैं, तो उधर भी। वही रीनोल्ड्स सेलो, मोंटेक्स पेन इधर हैं, तो उधर भी। इधर मॉल्स हैं, तो उधर भी हैं। तीन सौ इकसठ मॉल्स में से एक तिहाई झुमरीतलैया टाइप के शहरों में है। नाइकी, एडिडास, कोक, पेप्सी, मैक, पिज्जा, केंटुकी इधर है, तो उधर भी। आप झुमरीतलैया में जाकर भी दिल्ली फ्रेंकफुर्त न्यूयार्क में रहते हैं।

उपभोक्तावादी बाजार ने भारतीय जनजीवन में पहली बार ग्लोबल एकरूपता कायम की है। यह साहित्य में भी है। लाखों ब्रांड अनुभव के इस ग्लोकुल की कलाई में एकता की राखी बाँधते हैं। 'जो इधर है सो उधर है' न्याय से इतना तो कहा

जा सकता है कि इधर साहित्य में एक कली खिलती है, तो उधर भी खिली समझिए। इधर कुछ नया आता है, तो उधर चोरी हो जाता है। फ्रेंकफुर्त में जो नया आएगा छह महीने में दिल्ली में अधिक ओरिजिनल बनकर आ जाएगा। तभी झुमरीतलैया में उसका विमोचन भी हो जाएगा। इधर जो गोष्ठी होती है, वो ठीक उसी तरह उधर भी होती है। इधर रेडिकल साहित्यिक यूनिफार्म खादी का कुर्ता-जीन्स है, तो उधर भी है। जितना फ्रेंकफुर्त में बोला जाता है। उतना दिल्ली बोलती है। झुमरीतलैया भी बोलती है।

पिछले पच्चीस-तीस साल से हिंदी साहित्य बोला ज्यादा गया है लिखा कम गया है। यह ग्लोकुल का मीडिया-इंपेक्ट है। उसने सबको वाणी दे दी है। सब बोलने को तैयार रहते हैं। सो जो दिल्ली में बोला जाता है, वह शिकारपुर में भी बोला जाता है। कुछ इधर से उधर जाकर बोला करते हैं, कुछ उधर से इधर आकर बोला करते हैं। छोटे बड़े सब बोलते हैं। बोलते वही हैं, जो हजार बार बोला गया होता है। साहित्य चिंतन एक पुराने रिकार्ड की तरह है, जो हर बार उसी क्रम से बजता है, जिस क्रम से उसे बनाया गया है। साहित्य एक जैसी बोली बानी बन चला है। साहित्य कोक की बोतल है। साहित्य कभी आग था। अब झाग है। अनुभव का ऐसा एका किसी महान विचार ने कायम नहीं किया है। पूँजी के मार्केट ने कायम किया है और इन दिनों यह बाजार, उसका यह एका ही 'नया ग्लोकुल' रखता है। हिंदी वाले की मरने से पहले वाली आखिरी ख्वाहिश क्या होती है? अँग्रेजी में छपना। अँग्रेजी में छपे तो मुक्ति मिले, वरना आत्मा प्रेत बनकर भटकती रहेगी। विश्व बाजार में नाचने के अनेक आनंद हैं। मीडिया कानों में फुसफुसाता है : ये क्या हिंदी-हिंदी करता है? जरा अँग्रेजी में ठुमका दे... डालर बरसे। विश्व बाजार तेरे लिए तरसेगा। फ्रेंकफुर्त पुस्तक मेले ऐसे अवसर होते हैं, जहाँ बाजार ओपिनिंग या एंट्री देता है। सात दिन या चौदह दिन की साहित्यिक ग्लोबल पैठ में अपने बंदे भी अपनी-अपनी पोटली खोलकर चना-चबेना बेचने लगते हैं। सिनेमा और साहित्य पर बहस करने लगते हैं। इधरवाले उधरवाले से परिशुद्ध ईर्ष्या नहीं करते। पश्चिमी लेखकों की हाइपी महिमा में भीगने का उद्यम करते हैं। उपनिवेशवादी दिनों वाली कहानियों के किसी एक पात्रा में अपने को पाते हुए गोरी चमड़ी वाले के ढिंग बैठ बस एक आस लगाई जाती है कि ये चोमस्की या ग्यूंटरग्रास कब तो मेरा नाम अपनी जुबान से लेगा? कब अगली किताब के किसी 'फुटनोट' में कहीं डालेगा? अरे मैं तो उसकी 'चरण-टिप्पणी' में ही पड़ा रहूँगा।

यह फ्रेंकफुर्ती मार्केट का एका है। मार्केट अब एक समूचा रचनात्मक अनुभव है। फ्रेंकफुर्ती से प्रगति मैदान के झुमरीतलैया तक सब एक रचनात्मक ग्लोकुल है। साहित्य के उपभोग का एका है।

**हिंदुस्तान : 8 अक्तूबर, 2006**

# 'कानून' रीमेक का महान आइडिया

चोपड़ा बैनर वालों के लिए एक बार और 'कानून'/ब्लैक-व्हाइट/टाइप फिल्म बनाने का मौका है। ऊपरवाले की कृपा है कि ये दिन उसके जरा तिरछे रीमेक के हैं। 'पुरानी कानून' में अशोक कुमार जाने माने क्रिमिनल लायर रहे। इसमें कानूनी मित्रों के बीच इस सवाल पर जिरह थी कि एक बार सजा देने के बाद क्या उसी अपराध के लिए कानून दोबारा सजा दे सकता है? एकदम न्यायशास्त्र का तत्वमीमांसापरक मसला था। तब गवाह मुकरते नहीं थे और सबूत तोड़े-मरोड़े नहीं जाते थे। सो महान वकील साहब ने हत्या के केस में एक गरीब को फाँस लिया, जो मौका-ए-वारदात पर शायद चोरी-चकारी करने पहुँचा था। उसे सजा भी हो गई। मगर आगे वही कहावत एक्शन में आई कि अपराधी कितना भी होशियार क्यों न हो, कोई न कोई सबूत छोड़ जाता है। अंततः महान वकील साहब ही पकड़े गए। वे कानून की पेचीदगियों को उलझाते-सुलझाते एक दिन स्वयं ही उलझ गए और पकड़े गए। प्यारे क्रिमिनल कहानी का केस था। 'कानून वन' गजब की हिट फिल्म रही।

'कानून टू' की फिल्म की पटकथा इन दिनों बन रही है। पुरानी में फिल्म में हत्या हुई थी और एक कातिल पकड़ा गया था। सजा भी हुई ही थी। इस बार हत्या तो हुई, लेकिन सजा किसी को नहीं हुई! कहानी बड़ी पेंचदार है। इस बार की कहानी का हीरो मनु शर्मा है। कहानी के दो संस्करण हैं। एक में वह हत्यारा नहीं है, क्योंकि हत्या सिर्फ प्रेक्टिस में हुई, 'इन थ्योरी' हुई ही नहीं। कानून वन की कहानी में कानून की थ्योरी का फंडा था। उसमें सेक्स एंगिल कतई नहीं था। एकदम ब्रह्मचारियों की कहानी थी। 'कानून टू' में भरपूर सेक्स एंगिल है। उसमें कातिल बड़ा वकील ही था। कहानी का सेक्सी ट्विस्ट हिट होने वाला है।

सेक्स-स्नानित नई कहानी में जेसिका के साथ रात के डेढ़ बजे रंगरेलियाँ मनाने का आग्रह करने वाला कातिल एक सिख है, जिसे पुलिस ने इसलिए छोड़ रखा है कि उसे एक और जेसिका लाल की तलाश है और कानून को एक और केस की। उसमें सजा हो गई थी तो वकील सहाब ने ट्विस्ट डाल दिया था कि अगर औरत किसी सेक्स-भेड़िए की भूख नहीं मिटा सकती तो उसे जीने का अधिकार नहीं है।

इस नियम से सिख को भी सजा क्यों हो? यानी 'कानून टू' में सुपर हिट होने के सारे तत्त्व मौजूद हैं। 'कानून टू' का ओपनिंग सीन यही होगा कि रात के डेढ़ बजे सड़कों पर सन्नाटा पसरा है। पॉश दक्षिणी दिल्ली की महरौली जगर-मगर है। वहाँ एक 'इमली का अंगना' है। वहाँ एक पार्टी चल रही है जैसी कि उस तरफ चला करती हैं। पार्टी में शहर के बड़े-बड़े लोग हैं। पुलिस अफसर, मॉडल, डिजाइनर, कुछ बड़े वकील और कुछ वे लोग, जिनकी क्लास उन्हें जीबी रोड नहीं जाने देती। तभी एक बहुत बड़ी गाड़ी तेजी से आकर रुकती है। अंदर सेक्सी गाना एक्शन में है। महासेक्स महामिक्स बन रहा है। इसमें हेलेन, बिंदु, राखी सावंत, मलाइका अरोरा और मेडोना का मरोरा एक साथ मिक्स घुल रहे हैं। बार वनिताएँ शराबें डाल रही हैं। उन्होंने वही पहना है, जिसे कपड़ों का 'न्यूनतम समापवर्त्य' कहा जाता है, क्योंकि पीने वाले 'अधिकतम समापवर्त्य' के आदी हैं। इमली के अंगने में सेक्स के कंगने हैं। झुमका इमली के अंगने में गिरता रहता है। बरेली के बाजारों में नहीं। कजरारे कजरारे तोरे कारे-कारे नयना..., मेरी अंगड़ाई ना टूटे तू आजा... में करिश्मा का 'सेक्सी, सेक्सी मुझे लोग बोलें...' और काँटा लगा... ताबड़तोड़ बज रहे हैं। वहाँ एन सीन पर एक अस्सी साला कानूनी युवक भी है।

असल गवाह वही है। इस बार की कहानी एक चश्मदीद ही लिख रहा है। उसने कहानी के दूसरे 'पाठ' में सेक्सी ट्विस्ट डाल दिया है कि असल हत्यारा तो एक सेक्स बुभुक्षित सिख था। गंगा की तरह पवित्र मासूम मनु नहीं था। हम तो कहेंगे इस बार चोपड़ा साहब अपने जेठमलानी साहब को अपना कथाकार-पटकथाकार बनाएँ। मनु शर्मा को हीरो बनाया जा सकता है। देखने में एकदम हीरो लगता है और एक्शन वगैरह में सुदक्ष है। डिफेंस लायर के रूप में बीना रमानी भी चलेंगी। हीरोइन जिसे एकदम शुरू में ही मरना है, वह ऐश्वर्या रहे, तो सुपर हिट होगी और यों राखी सावंत भी चलेगी। बाकी एक्सट्राज में डिजाइनर मॉडल पुलिस अफसर और उच्चवर्गीय कायर लफंगे जन होंगे। सब रीयल रोल में मिलेंगे। एक प्रकार के सुपर रीयलिटी शो की तरह 'कानून टू' होगी आप चाहें तो एकदम लाइव भी दे सकते हैं। चोपड़ा बैनर वाले इस फरमाइश पर गौर न करें तो अपन राम से ब्रदर्स के पास जाएँगे। वे इसमें रहस्य रोमांच भी डाल देंगे। इस महान आइडिया का कापीराइट एकदम फ्री है।

**हिंदुस्तान : 19 नवंबर, 2006**

# हिंदी : एक 'डॉग फाइट' सीन

हिंदी का 'मॉडर्न घोस्ट' पोस्ट-मॉडर्न में मनोहर सी डॉग फाइट में फँस गया है। घोस्ट की निजी और प्रिय व्याधि उसकी समझ में नहीं आती।

मॉडर्न सीधे कमिटेड चाल चलता है, तो विचार के घुटनों में कमिटमेंट के जोड़ों में दर्द होता है। उठा बैठा नहीं जाता। मॉडर्न घोस्ट जब तब सताने लगता है। सारी गुर्राहट दूसरे पर होती है।

उत्तर-आधुनिकता किस तरह हिंदी वाले की, अकड़फूँ गठिए की मरम्मत करती है, आह कराह निकालती है, इसकी एक मजेदार 'अल्पावधि जमा योजना' छाप मिसाल इन दिनों बनती नजर आती है। एक आयोजन सा कुछ हुआ है। उसमें कुछ 'कमिटेड' कवि गए। कुछ नहीं गए। बुलावा देने वाले मराठी के प्रख्यात दलित रचनाकार नामदेव ढसाल रहे जिनका आमंत्रण था। वे शिवसेना के साथ माने जाते हैं। जो नहीं गए, वे बता रहे हैं कि जो गए वे एक शिव सैनिक के मंच पर जाकर किस तरह से अपने कमिटमेंट से गिर गए। पतित हो गए। इससे 'विचारधारा' की 'लड़ाई' कमजोर हो गई। सेकुलर विचार कमजोर हुआ!

जो गए, वे कह रहे हैं कि हम तो नामदेव के आयोजन में गए और गए भी तो एक दिन गए, दूसरे दिन नहीं गए। इस पर कहा जा रहा है कि गए ही क्यों? सारा नाम मिट्टी में मिलाय दिए। इसकी सजा मिलेगी बरोबर मिलेगी।

जो गए और जो नहीं गए, उनमें से कई को साहित्य अकादमी मिल गया है और जिन्हें किसी मौलिक साहित्यिक नाम के अभाव में 'रघुवीर सहाय के बाद के कवि' कहा जाता है। जो चले गए, उनमें एक की 'अकादमी' हो चुकी है एक की होनी है। जो विरोध-सा कर रहे हैं, उनमें एक 'जनसंस्कृति' वाले हैं। दूजे, जो चले गए वे 'जनवादी' वाले हैं। तीसरे भी जनवादी जनसंस्कृति के बीच कहीं कहे जा सकते हैं। सब में एक समानता यह भी है वे सब 'पहल मंडल' के हैं। पहल के सम्मान के साथ जुड़े हैं। एक पहल के संपादन मंडल में ही हैं और उस मंडल में एक मात्र पढ़े-लिखे बंदे दिखते हैं सब अपने मित्र हैं मगर अपने-अपने मॉडर्न में फँसे।

मामला जनता के नाम पर जनता का नहीं, पाँच-सात कविजनों के बीच का है। हिंदी में जब-जब कमिटमेंट-कमिटमेंट, विचारधारा-विचारधारा बर्राया गया है, किसी न किसी के मुँह में कोई बड़ी टॉफी गिरने की आवाज सुनी गई है। इससे ज्यादा पंगा हिंदी में नहीं होता, सारी फाइट टॉफी की होती है। हिंदी में एक प्रगतिशील आलोचक महोदय आधुनिक युग के बड़े संत महात्मा मोरारी बापू के सान्निध्य में मीरा की भक्ति पर बोलकर आए हैं और बापूजी से आशीर्वाद प्राप्त हैं, उस आदमी का क्या कर लिया कमिटमेंट की माला जपने वालों ने? श्रीकांत वर्मा सम्मान अनेक को मिला है। श्रीकांत जी को इंदिरा गाँधी का गरीबी हटाओ वाला स्लोगन रचने वाला कहा जाता है। उनका दल आपातकाल लगाने वाला रहा है लेकिन हिंदी के किसी भी कमिटमेंट जी को उनके नाम का सम्मान लेने में कभी शर्म नहीं आई। यह हिंदी के कमिटमेंटी घोस्ट का सच है कि हिंदी के एक रचनाकार ने अपने विचार के लिए अपना सिर नहीं फुड़वाया। इतिहास प्रमाण है। कोई किसी भी वामपंथी दल का बाजाप्ता सदस्य नहीं लगता। उनके सांस्कृतिक संगठनों का सदस्य भले हो। और यदि इस इनामी समय के हिसाब से बन भी गया हो तो वह 'टू इन वन' होने के लिए बन जाता है। प्रतिभा की कमी संगठन की जमात पूरी करती है। प्रोटेक्शन देती है। साहित्यकारों में वह दल का रुतबा दिखाता है। दल में साहित्यकार होने का। वह दोनों हाथ में लड्डू रखता है। हिंदी के कुल जमा एक डेढ़ दर्जन कवियों, उतने ही कथाकारों का कुल दाम दस लाख नहीं बैठता। कोई दो-चार करोड़ हिंदी में बाँटने आए तो सारे लाइन में लग लें। हिंदी की सारी 'लड़ाइयाँ' व्यक्ति के 'अभाव के लालच में बदलने' की कहानियाँ हैं! सब कुछ एक 'डॉग फाइट' की तरह होता है। यह विचार की 'धारा' है। विचार कहीं पूँछ की तरह अलग हिलता है। हिंदी लेखक उन 'बंटी बबली' से भी गया बीता है, जो 'छोटे-छोटे शहरों से' 'खाली भोर दुपहरों से अपना झोला उठाकर' महानगर चले आए हैं। उसके विचार शहर में आते ही एक नई बीवी की तरह बदलते हैं। वह अवसर की तलाश में रहता है। उसके लिए लपकता है, लड़ता है। पोस्ट-मॉडर्न में विचार की थकान भी फैशनेबल होती है!

**हिंदुस्तान : 6 मई, 2007**

# जरूरत आन पड़ेली ए

अमिताभ सुपर स्टार है। अमिताभ पिछले तीन-चार दशक में बना एक आइकन है। अमिताभ 'बिग बी' नाम का महाब्रांड है। अमिताभ अपने आपमें एक समूचा मनोरंजन उद्योग है। अमिताभ पॉपुलर कल्चर का एक विराट स्पेस है। उसकी अपनी बड़ी इकोनॉमी है।

लेकिन अभी भी ऐसे अनेक भ्रूच्च-जन मिल जाते हैं, जो एक लोकप्रिय 'नौटंकिए, नचकैये, गवैये' को ज्यादा भाव देना पसंद नहीं करते। कुछ दिन बाद देने लगेंगे, तय है। अपने पुराने सिद्धांतों में कैद रह गए अंहकारी अकादमिक क्षेत्र तब बदलते हैं, जब सब कुछ इतना बदल चुका होता है कि उनका बदलना एक खबर तक नहीं बनता। यह होता है। इसका प्रमाण दिल्ली विश्वविद्यालय के अमिताभ को मानद डॉक्टरेट उपाधि देने के दौरान देखने को मिला। दिल्ली विश्वविद्यालय के इतिहास में ऐसा कभी नहीं हुआ था। एक दिन वीसी और ईसी ने इस परंपरा को झकझोरा। भारत के 'पॉपुलर कल्चर' के सबसे बड़े 'आइकन' को उपाधि के लिए चुना। जब उपाधि लेने अमिताभ आए तो सारी निगाहें उन्हीं पर रहीं। उनके वक्तव्य में जब आया कि वे भी मिरांडा हाउस के पीछे वाली सड़क पर खड़े रहते थे, तो उनके गुरुजन भी ठठाकर हँसने लगे। एक 'आइकन' दिल्ली विश्वविद्यालय के दूसरे आइकन यानी मिरांडा हाउस की आइकनी के बारे में कह रहा था और नितांत शैक्षिक माहौल में एक पॉपुलर क्षण बन रहा था। गंभीर जन हँस पड़े थे। यह उनके लिए स्वास्थ्यवर्धक था। वे अपने हीरो को पास से देख रहे थे, फोटो खिंचा रहे थे और अपने नन्हे-मुन्नों के लिए ऑटोग्राफ ले रहे थे। उनके जवान दिल और उनके नन्हे-मुन्नों की जिद ने उन्हें बदल दिया था।

दिल्ली विश्वविद्यालय ने एक नई शुरुआत कर दी थी। उस क्रम में उपाधि देना सर्वधा सार्थक संकेत रहा। अब एक जेएनयू की प्रोफेसर ने अमिताभ पर पूरी पी-एच.डी. ही कर डाली है। सोलह बरस के बाद जाकर यह काम पूरा हुआ है। वहाँ भी यह बड़ा काम आसानी से नहीं हो पाया। विदुषी सुष्मिता दास गुप्ता को इस विषय को पी-एच.डी. के योग्य सिद्ध करने के लिए भी फेकल्टी से संघर्ष करना

पड़ा। जमाना बदल जाता है, वे नहीं बदलना चाहते, क्योंकि उनके पढ़े सिद्धांत कहीं 'जाम' हो गए होते हैं। नए ज्ञान के रेले में जाम नहीं चलते। जब नए ज्ञान की आँधी आती है तो 'भ्रम की टाटी' उड़ जाया करती है। ये वक्त ऐसा ही है। सुष्मिता ने यही किया। पुराने वक्तों में जब कबीर के सामने ज्ञान की आँधी आ रही थी तो बहुत कुछ टूट-फूट रहा था। सुष्मिता की किताब पेंग्विन से लांच हुई है। नाम है, 'अमिताभ : द मेकिंग ऑफ सुपरस्टार'। यह अपने ढंग का शायद पहला अध्ययन है, जो एकेडेमिक्स में 'कल्चरल मोड़' पैदा करता है। इसका असर साहित्य-संस्कृति के अध्ययनों पर होना चाहिए।

अमिताभ की हजारों करोड़ की इकोनॉमी है। वे ठीकठाक हैं, तो बॉलीवुड ठीक रहता है। यह 'एकमेकता' उन्हें वो दर्जा देती है, जो किसी को नहीं मिला। इसके अनंत पक्ष हैं। इकोनॉमी, समाजशास्त्र, राजनीति, विचारधारा, सौन्दर्यशास्त्र और भाषायी आयाम हैं। आप छवियों और चिह्नों की गति को पढ़े बिना ज्ञान के अमूर्त रूपों तक में नहीं जा सकते। आइकनी छवियाँ ज्ञान की प्रक्रिया के बीच बहुत सक्रिय भूमिकाएँ निभाती हैं। अपने यहाँ शाहरुख खान, आमिर खान, सलमान खान, गोविन्दा नए आइकन हैं, जिनकी पॉपुलरिटी विचारधारात्मक दबावों से भी ऊपर चलती है। संजय दत्त जिन्हें हाल ही में अदालत ने अवैध शस्त्र रखने के अपराध का दोषी पाया है, उन पर बॉलीवुड का एक सौ पैंसठ करोड़ रुपया लगा है। मनोरंजन उद्योग में पॉपुलर कल्चर में इसके बड़े मायने हैं। इसे समझने के लिए नई अक्ल चाहिए। भारत का मनोरंजन उद्योग साठ सत्तर हजार करोड़ रुपए का बताया जाता है। टेलीविजन उद्योग और भी बड़ा है। खेल उद्योग कितना बड़ा है, इसका अनुमान क्रिकेट बोर्ड के बजट और मुनाफे और सचिन गांगुली धोनी की 'आइकनी' से ही लग जाता है। दुनिया में हॉलीवुड के बाद भारत का बॉलीवुड निर्माण की नजर से नंबर वन और कमाई की नजर से नंबर दो पर आता है। यह चीन से ज्यादा है। यह पॉपुलर कलचर के अध्ययन के क्षेत्र हैं, जिन्हें समझे बिना ज्ञान के अन्य अनुशासन भी पूरी तरह जाने समझे नहीं जा सकते। यदि ज्ञान को जिंदगी में उपयोगी होना है, तो उसे अन्य सीढ़ियों-सरणियों की मदद चाहिए ही, जहाँ किसी सीढ़ी पर मनोविज्ञान खड़ा मिलता है, कहीं समाजशास्त्र, कहीं अर्थशास्त्र, कहीं राजनीति, कहीं विज्ञान और तकनीक। क्या अब भी बताने की जरूरत है कि अपुन लोग को 'पॉपुलर कल्चरल स्टडीज' की जरूर आन पड़ेली ए।

**हिंदुस्तान : 3 दिसंबर, 2006**

# हर्षोल्लास-वर्षोल्लास

इस साल एक बार फिर हिंदी साहित्य ने अपने कमिटमेंट ब्रांड पिपरमिंट को नहीं छोड़ा। हिंदी के साहित्यकार कमिटमेंट को पिपरमिंट खा कर अपने-अपने दिमाग की बत्ती जलाते रहे। साहित्य लिखते-लिखाते रहे। दिखते-दिखाते रहे। सुनते-सुनाते रहे। जिस तरह मिरची सुनने वाले आलवेज खुश रहा करते हैं, उसी तरह इस साल भी परंपरागत हर्षोल्लास के साथ खुश-खुश रहते पाए गए। इस साल भारतवर्ष भारती इस कदर बरसी कि किसी को पचास, किसी को लाख, किसी को दो-ढाई लाख तक बख्शीशें मिलीं। लेकिन परंपरागत हर्षोल्लाससिंचित विनम्रता तब भी नहीं त्यागी गई। अनंत बहुराष्ट्रीय डालरीय लालचों से साहित्यकार नहीं पटे। वे ग्लोबल कीचड़ में कमल की तरह खिलते-खिलाते रहे। वे पूरे साल ग्लोबलाइजेशन के विरुद्ध तीसरा महायुद्ध चलाकर राणा सांगा होने की जिद करने लगे। लेकिन इस समर में भी वे परंपरागत ढंग से ही अहिंसक और निहत्थे रहे। हथियार के नाम पर लेखनी की टेकनी रही, जिसकी रिफिल ग्लोबल से आती रही। वे सोशल फोरम तक में उसी तरह कठिन आत्मसंघर्ष चलाते दिखे, जिस तरह मुक्तिबोध ने चलाने को कह रखा है। लेकिन इस साल मुक्तिबोध से इतना सीख डाला कि संघर्ष में गरीब होकर मरना कोई अच्छा सीन नहीं बनता। उससे बचा जा सकता है।

साहित्यकारों में सरकारी न होने की लाज-लिहाज बची रही। मंत्रालय बुलाते रहे, फुसलाते रहे, कमेटी में डालने की धमकियाँ तक दी जाती रहीं। लेकिन वे संघर्ष के दीप से दीप जलाते रहे। आईआईसी से हेरिटेज तक, हेरिटेज से साहित्य के कॉटेज़ तक, कॉटेज से निजी फुटेज तक साहित्य की अपनी मेट्रो दौड़ती रही। इस साल प्रेमचंद के घीसू माधवों के भाग्य खुल गए। उनकी बुधिया ने एस्कोर्ट्स में जचगी की। टोनी को जन्म दिया। घीसू माधव ने पाँच सितारा दावत दी। उनको एचआरडी नंबर जो लग गया था। साहित्य में ओबीसी भाव फसल की अच्छी आमद से उछला।

अकादमी दमदमी टकसाल की तरह चलती रहीं। साहित्य अकादमी से ज्यादा हिंदी अकादमी जगी रही। पंडितजी इस साल बच्चों को रह-रह कर याद आते रहे। 'जीते कंता पूछी न बात, मरे लुगाई अपने साथ' एकदम परंपरागत ढंग से निभी।

चेलों ने गुरुभक्ति की। द्विवेदी टू द्विवेदी फेमिली भावना फली-फूली। अंत में पंडितजी की आस औलाद ही पिंडदान करने आगे आई, चेले अधेले के भी नहीं निकले। रामकुमार वर्मा का शताब्दी वर्ष आया। लेकिन परंपरागत ढंग से ही सबने उन्हें भुला दिया। उनका कोई अपना हो तो हिंदी याद करे। इस साल साहित्य में फेमिली परंपरा विनीत बिकिनी पहने वापस हुई। छोटे भैया ने अपने बड़े भाई साहब को नहलाया-धुलाया, पाउडर-सुरमा लगाकर, चंदन-तिलक लगाकर काशी के घाट पर टहलाया। उधर बड़े भाई साहब ने छोटे को कोटि-कोटि आशीष दिए। इस अति विनीत गर्वीली, शर्मीली, लजीली, सीलीसीली साहित्यिक तीली से भौजाई की भरजी छाप भाईगिरी में बड़ी स्वादिष्ट मानी गई। इस साल ईर्ष्या, क्रोध, मत्सर, बैर इत्यादि सारे तामसिक तत्त्व साहित्य में नहीं आ पाए। अहि-मयूर-मृग-बाघ-ड्रेगन इस साहित्य रूपी तपोवन में सोमरस छक ब्रह्मानंद थके रहे। साहित्य ने एक बार फिर अपनी तोंद के गान नहीं गाए। कुछ की एनबीटी लाइन लग गई। कुछेक फ्रेंकली फुर्तीले हो गए। एनबीटी की बीटी कॉटन की बंडी-चड्डी पहन साहित्य के सेवक एकांतवास के लिए तुर्तीले-फुर्तीले होत भए।

इस साल हिंदी में दस लेखक सर्वश्रेष्ठ पाए गए। पिछले साल तक एक नहीं था। अचानक इतने पैदा हो गए। सदैव की भाँति कोई चकित नहीं हुआ। कुछ विनीत लेखक तक इस बात पर इतिहास में पहली बार शर्मिंदा से होते देखे गए कि वे सर्वश्रेष्ठ थे और उन्हें ये कभी मालूम नहीं चला। वे इस नामालूम रहने की अपनी अदा पर गर्वित फील न करने की कोशिश करते पाए गए। हिंदी में परंपरागत ढंग से अँग्रेजी आती-जाती रही। दलितों ने हिंदी की जगह गोडेस अँग्रेजी की मूर्ति सरेआम प्रतिष्ठित की। इस घटना पर भी सब श्रेष्ठ जन परंपरागत ढंग से चुप रहे। लेकिन आदतन मीडिया को नित्य कोसते रहे।

वे बहुत-सी किताबों के लेखक बनते चले गए। लिखीं, लेकिन किसी किताब की किसी ने भी चर्चा कराने के प्रयास नहीं किए। हिंदी को अपना शाश्वत पर्युत्सुकी और अगजग की माया से वीतरागी भाव इस साल भी कम नहीं हुआ।

दो हजार छह इसी तरह परंपरागत हर्ष और उल्लास साहित्य का समय बिना किसी कानून व्यवस्था की समस्या पैदा किए शांति के साथ गुजर गया। ओम् साहित्यः शांतिः शांतिः शांतिः॥

**हिंदुस्तान : 7 दिसंबर, 2006**

# साहित्य की बाजार-ग्रंथि

शाहरुख खान के करोड़पति में एक स्पर्धी से शाहरुख ने पूछा कि कोई कविता सुनाइए तो उसने 'नारी तुम केवल श्रद्धा हो विश्वास रजत नग पगतल में...' चार लाइनें सुना दीं। अचानक जयशंकर प्रसाद की कामायनी उद्धृत हो गई। शाहरुख ने ताली बजाई। वाह वाह किया। उससे कहा कि जरा इसके माने भी बता दीजिए तो स्पर्धी ने साफ कहा कि उसे मीनिंग नहीं मालूम! आज के मीडिया में साहित्य यदि आता है तो इसी तरह आता है। साहित्यिक मित्र कह सकते हैं : देखिए यह हाल है इनके बीच साहित्य का। ये लोग अर्थ नहीं जानते। कहीं से रट लिया बस! एक मित्र कहने लगे कि इतने सारे चैनल हैं लेकिन एक पर भी कोई 'मतलब' का कार्यक्रम नजर नहीं आता। वही सनसनी और वही लाफ्टर। यह दो दशक पुरानी चिंता है जब डीडी अकेला था और पूरे समाज की अभिरुचियों की रक्षा का भार उसी पर था। बीसेक साल में मीडिया बदल गया है। इतना कि हिसाब लगाना मुश्किल है। अब दो ढाई सौ चैनल हैं, बड़े छोटे हजारों अखबार हैं। रेडियो चैनल हैं। इंटरनेट है।

पचास-साठ साल की उम्र का साहित्यकार जब इस मीडिया-जंगल में आता है तो परेशान रहता है। धर्मयुग, सारिका, हिंदुस्तान आदि याद आते हैं। कई साहित्यकार तब भी इनकी व्यावसायिकता से भी नाराज रहते थे। अब उन्हें आदर्श की तरह याद करते हैं। तब बड़े प्रेस को प्रतिक्रियावादी माना जाता था। व्यावसायिकता बरक्स साहित्य पर बहसें होती थीं : लिखें या न लिखें? वैकल्पिक मीडिया छोटी पत्रिकाओं के रूप में उभरा। यह 'मास मीडिया' नहीं था। यह सलेक्टिव मीडिया था। एक साहित्यिक जमात का। बड़े से उपेक्षितों का प्राइवेट लिमिटेड! आपात्काल आया। मीडिया तेजी से बदला। बयासी आया। इलेक्ट्रानिक माध्यम रंगीन हुआ। फिर नब्बे आया। मीडिया ग्लोबल हुआ। मुक्त बाजार और उदारीकरण का दौर शुरू हुआ। साहित्य से उसका संबंध निर्णायक रूप में बदल गया। साहित्य ने अपना छोटा-सा 'छोटी पत्रिका' स्लॉट अलग बना लिया। छोटी पत्रिकाओं का दूसरा दौर शुरू हुआ कुछ छोटी से बढ़कर मंझोली बन गई। पाँच-सात हजार तक सर्कुलेशन होने लगा। यह हर तरह से महत्त्वपूर्ण घटना रही। संकल्प वही रहे। जनता के संघर्ष, आंदोलन

चेतना आदि को आगे बढ़ाने के दावे कवर पर ही होने लगे। इसे व्यवसाय नहीं कहा गया जबकि इस मीडिया की निर्माण प्रक्रिया में बहुत कुछ व्यावसायिक रहता आया। संपादक पत्रिका-प्रताप से कंपनी या ट्रस्ट बनाकर गाड़ियों से चलने लगे।

थोड़ा स्टाफ तक रखने लगे। इतना होने पर भी यह व्यवसाय नहीं माना गया। स्माल स्केल इंडस्ट्री भी नहीं माना जाता। साठोत्तरी दौर में छोटी पत्रकारिताकर्म 'समाजः सुखाय' से 'साहित्यः सुखाय' होता हुआ संपादक की 'जेब' को 'सुखाया' करता था। इन दिनों छोटी पत्रकारिता 'जेबः भराय' के दौर में आ गई है। इनमें साहित्यिक सामग्री पर्याप्त होती है। इसके पीछे बिक्री तत्त्व निर्णायक नहीं जितना कि संपादक आदि का 'रिसोर्सफुल' होना है। छोटी पत्रिका का भी बजट होता है। एक 'मनी साइकिल' वहाँ भी जरूरी है। छपने वाले यशःप्रार्थी इस मर्म से बेखबर रहते हैं। इस तरह यहाँ वही सर्वाइव करता है, जिसमें अपना दम हो, पीछे कोई एनजीओ हो। सिर्फ बिकने के बल पर ये छोटी पत्रिकाएँ नहीं चलतीं। इस उद्यम में साहित्यकारों का एक नया वर्ग ही उठ खड़ा हुआ है। साधन सक्षमता नए साहित्यकार बना रही है। साधना नहीं, बाजार लाया जा रहा है मगर छिप-छिपाकर।

यदि बजट के इस रूपक को बड़े मीडिया और खासकर इलेक्ट्रॉनिक मीडिया पर लागू कर दिया जाए तो साहित्य के अपने वास्तविक 'डिवेल्यूएशन'/अवमूल्यन का पता चल जाता है। 'एवजी इनकम' एक साफ-सुथरी इकनॉमी और प्रोफेशनल पत्रकारिता की गवाही नहीं देती। साहित्य अपनी स्वकथित महानता के गीत गाए लेकिन उसके पढ़ने वाले/ग्राहक 'वैल्यू फॉर मनी' नहीं पाते। साहित्यकार ने खुद को यशलोलुप बनाया लेकिन अपने 'प्रोडक्ट' की ब्रांड वैल्यू नहीं बनाई। जिस छोटे से मीडिया से वह प्रसारित हुआ उसके भी क्लब कल्चर वाले लेवल रहे। यह हिंदी साहित्य का कथित इलीटिज्म रहा। 'कुछ द्वारा' 'कुछ के लिए' 'कुछ रुचियों' का साहित्य रहा। यह बिना किसी जन के, जनता-जनता कहता हुआ अचानक माँग करने लगता है कि हमें कोई जनता तक पहुचाए तो। कोई हमें जनता से मिला दे। तय मानिए कि हमारी रचना पढ़कर वह क्रांति करने लगेगी!

जो जनता पूँजीवादी समाज में हर चीज का भावताव करती है, 'वैल्यू फॉर मनी' चाहती है उसके बारे में ऐसा विचार कि वह इस उस साहित्यकार की एक कहानी एक कविता के लिए मरी जा रही है, पिछड़ापन है। यह स्थिति उस पिछड़ गए 'प्रतिनिधि' के अंतरंग का संकट का चिह्न है जो नई ग्लोबल उत्तर-आधुनिक जीवन दशाओं ने पैदा की है। यह कहती है कि बदली स्थिति में साहित्य को बदलकर अपनी सीमा में रहना चाहिए। उसे पॉपुलर होना है तो उसे प्रोडक्ट और ब्रांड में बदलना होगा। जनता का मिथक्करण करने वाली बुद्धि किसी कल्पित जनता को भोला मासूम और अपने स्वत्व को न पहचान सकने वाला मानती है। इस तरह ज्ञानी इधर हैं जो रचते रहते हैं। अज्ञानी जनता उधर कुरुचि में जीती रहती है। जनता

और साहित्यकार के इस स्वाभाविक सीमांकन को मुक्त बाजार ने पूरा पक्का कर दिया है। कथित स्तरीय साहित्य की सीमा दिखा दी है। दुनिया में कहीं भी कथित स्तरीय साहित्य सीमित दायरे में चला करता है। पॉपुलर कल्चर बाजार में चलती है जिसे मीडिया संभव करता है। साहिर्त्यकार अपने को यथेष्ट बदले बिना लोकप्रिय नहीं हो सकता।

इसी तरह बाजार का मिथक है। लेखक बाजार को कोसने के लिए बाजार के हवाई जहाज या एसी गाड़ी से जाता-आता है। बिल बनाता है। कोसता हुआ उपहास का पात्र बनता है। एमएफ हुसैन आदि चित्रकारों के करोड़ों डालरों में बिकने वाले चित्रों की गाथा गाई जाती है लेकिन हिंदी में बाजार के आने पर रोया जाता है। हिंदी में मीडिया और साहित्य के संबंध की बेहतर समझ तभी पनप सकती है जब बाजार की मिथकीय अवधारणा से हिंदी वाले मुक्त हों। संभव हो तो हायर सेकंड्री के कामर्स कोर्स की इकनॉमिक्स की कोई किताब पढ़ लें तो मीडिया और साहित्य को लेकर व्यर्थ का चीत्कार बंद हो जाए।

**राष्ट्रीय सहारा : 15 अप्रैल, 2007**

# मी लॉर्ड! गुस्सा क्यों?

जब भी भ्रष्टाचार पर चर्चा आती है, अपना दिल बागबाग हो उठता है। भ्रष्टाचार चारों प्रहर आठों धाम विद्यमान है इसलिए अपना आनंद हर घड़ी बरसता रहता है। अपने देवता की ऐसी अहर्निश वंदना दूसरे देवताओं को कंपटीशन और कांप्लेक्स देती है। अपना देवता—देवताओं का देवता, ईश्वरों का ईश्वर—'भ्रष्टाचारेश्वर' है, हमारे गर्व का क्या ठिकाना? और भ्रष्ट पूजा करते हैं, हम सीधे भ्रष्टाचारेश्वर को पूज्य मानते हैं, हमारा तो उन्हीं पर भरोसा है, उन्हीं की आस, उन्हीं का विश्वास है, उन्हीं के आशीर्वाद की एक बूँद पाने के लिए यह चातक मन रटन लगाए रहता है।

तो जब देश के सबसे बड़े न्यायालय के माननीय न्यायाधीश महोदयों ने कहा कि देश से भ्रष्टाचार मिटाने के लिए कुछ भ्रष्टाचारियों को बिजली के खंबों पर फाँसी दे देनी चाहिए। ताकि दूसरों को सबक मिले, लोग भ्रष्ट होने से बचें, उनके दिल में डर बैठे तभी वे भ्रष्ट होने से परहेज करेंगे... इत्यादि।

ऐसे वचन सुन हमें आत्मिक कष्ट हुआ, भला इतना गुस्सा भी कोई करता है मी लॉर्ड? बहुत से लोग बहुत पहले से ऐसा कहते रहे हैं, ऐसा मानते रहे हैं और फिल्मों में तो पटकथाकार कभी बताते भी रहे हैं कि ऐसे लोगों को बिजली के खंबों से लटकाकर फाँसी देनी चाहिए। ऐसे लोग इस नए वचन-विचार को जरूर सही मान रहे होंगे। हमारी समझ में ऐसे लोग नास्तिक किस्म के हैं, इन्हें अपने सच्चे ईश्वर का सच्चा ज्ञान नहीं है। अज्ञानी हैं। क्या जानें कि ईश्वरों का भी ईश्वर यदि कोई है तो 'भ्रष्टाचारेश्वर' है। यही सुपरेश्वर है। हमारे तमाम पुराने ग्रंथ इसकी महिमा का गुणगान करते आरती उतारते हैं।

अन्य देवी-देवताओं को बार-बार अवतार लेने पड़े हैं, बड़ी विचित्र-विचित्र लीलाएँ करनी पड़ी हैं, रामजी को जंगल-जंगल भटकना पड़ा है। सीता माता के लिए बिलखना पड़ा है। रावण जैसे महापंडित का वध करना पड़ा, कृष्णजी को गोपी-ग्वालबालों के संग रास रचाना पड़ा। कंस का वध करना पड़ा। महाभारत को मैनेज करना पड़ा, धर्म की रक्षा करनी पड़ी, मगर अपने ईश्वर को इस तरह कभी नहीं खटना पड़ता, सच तो यह है कि वही इन लीलाओं का स्पांसर होता है, स्पांसर अलग से अपनी

कला क्यों दिखाए? बहुत पहले संत कबीर ने हमारे इस ईश्वर को 'माया' मेमसाब के रूप में पहचाना, कहा :

**'माया महाठगिनी हम जानी!**
**तिरगुन फाँस लिए कर डोलै बोले मधुर बानी।'**

उन्होंने पाया कि माया मेमसाब की पहुँच बहुत ज्यादा है, कहा—'केशव के कमला होई बैठी शिव के भवन भवानी...।' वेदों-उपनिषदों, पुराणों के महापुरुषों ने इस माया मैडम को सर्वत्र देखा था, ज्ञानियों को पता था कि इस माया मैडम के प्रपंच को किसी और ने नहीं, स्वयं ईश्वर ने ही बनाया है। जब माया स्वयं ईश्वर कृत है, तो शिकायत किससे करें? क्यों करें? किसे फाँसी दें? आप अपने ही ईश्वर की लीला को भला कैसे फाँसी देंगे? सो ज्ञानियों ने कह डाला कि यह सब प्रपंच है, माया का प्रपंच है, भ्रम है, प्रपंच में मत उलझो!

सब माया मैडम के बस में है :

**'माधो जू मन माया बस कीन्हो।'**

सबके मन में माया मैडम बिराजती हैं, जगत, चराचर सब माया है, उसी का है, वही चलाती है। बस हर ऑर्डर पर नाम ईश्वर का तो लिखा होता है : 'बाइ द ऑर्डर ऑफ गॉड।' अब जरा सोचिए सर मी लॉर्ड! जब आप भ्रष्टाचारी को फाँसी पर लटकाने की बात कह रहे हैं तो सोचें कि किसे लटकाने की बात कर रहे हैं? जिस खंबे पर लटकाएँगे वह मायाकृत है, जिसे लटकाएँगे वो मायाकृत है, जिससे लटकाएँगे वो माया कृत है और मी लॉर्ड जिस कलम से, जिस कागज पर 'फाँसी' लिखेंगे वो तक मायाकृत है, 'मेड बाई माया' प्रोड्यूस्ड बाई माया!

अपने ज्ञानीजनों ने इस झमेले से निपटने के लिए एक सूत्र दिया है : जो पकड़ा जाता है वह बेईमान होता है बाकी सब ईमानदार होते हैं। जो पकड़ा जाता है वह भ्रष्ट कहलाता है। जो नहीं पकड़े जाते वे ईमानदार। जो पकड़ा जाता है उसे लोग, गतिमंद, बेवकूफ मानते हैं, वह अपने अनाड़ीपन से अपने ईश्वर को बदनाम करता है, प्रतिभाशाली कभी नहीं पकड़े जाते। भ्रष्टाचार पूरा शास्त्र है, शास्त्रों का शास्त्र है, यह कहीं लिखित में नहीं है, बल्कि हर अच्छी बात के पीछे-पीछे छिपकर रहने वाला 'पाठ' है। इस 'पाठ' को, इस शास्त्र को सब जानते हैं। इसलिए सर जी! जब आप किसी को फाँसी पर लटकाने वाले फिल्मी डायलॉग की तरह का हुकुम जारी करें तो ये देख लीजिएगा कि कहीं खंभा भी तो भ्रष्ट नहीं है, वह रस्सी भी तो भ्रष्ट नहीं है जिस पर लटकाया जाना है। बड़ा असंभव है महाराज! आप फाँसी की बात करते हैं हमें हाँसी आती है।

**नई दुनिया : 16 मार्च, 2007**

# कांवड़, त्रिशूल और बेसबॉल का बल्ला

कांवड़िए वीवीआईपी स्टेट गेस्ट हैं। उनकी खातिर लंबे व्यस्त रास्ते सील कर दिए गए। महानगर दिल्ली में कई हाईवेज पर उनकी सेवा के लिए प्रशासन ने पंडाल लगाए। एक पंडाल पर कोई सत्तर हजार से एक लाख तक का खर्च बताया जाता है। हर रूट पर दर्जनों पंडाल, एकदम साफ-सफेद कपड़े से सज्जित। बरसात से बचने के तिरपाल से ढंके। ऊपर पंखे चलते हुए। बाजू में लंगर का इंतजाम पूरा है, लिखा है : शिवभक्तों का स्वागत है। यहाँ बढ़िया नाश्ते और स्वादिष्ट भोजन की व्यवस्था है एक तरह का बड़ा ढाबा ही निज़ामुद्दीन पुल के पास बना दिया गया है, जिसमें कांवड़िए आराम से प्लास्टिक की कुर्सियों पर पैर फैलाकर आती-जाती कारों की मंद रफ्तार देख रहे हैं, गाड़ी चलाने वाली लड़कियों औरतों का अपनी नजरों से पीछा करते हैं।

कहीं भगवा निक्करें बनियानें सूख रही हैं। आगे पीछे सड़क को घेर जल बोर्ड के टैंकर खड़े हैं, जो दिल्लीवासियों के लिए कभी नहीं पहुँचते कांवड़ियों के लिए हाजिर हैं। पंडाल पर आधा दर्जन बैनर लगे हैं, जिनमें कई शिव सेवा समितियाँ इनका स्वागत एक जैसी भाषा में कर रही हैं। कोई आटे वाले हैं। कोई किरानी हैं, व्यापार संगठन के हैं, मगर सब इस शिवप्रसाद को बाँट कर धन्य हो रहे हैं।

इन शिवभक्तों का एक टोयटा कांवड़ रथ आगे खड़ा है उसमें एक जेनरेटर सेट धुआँ उगलता भीषण आवाज करता चल रहा है। उसमें बड़े-बड़े हजार-हजार वाट वाले वूफर्स लगे हैं। वह झंडियों से सजा है शिवभक्तों के भजनों का टेप जोर से चीख रहा है। कुछ कांवड़िए आगे निकल लिए हैं। उनमें से कई के हाथ में अमेरिकी बेसबॉल का बल्ला है, जो अक्सर हालीवुडी फिल्मों में या खेल में दिखता है। फिल्मों में जो कई बार हत्या करने के औजार के रूप में दिखाया जाता है। शिवजी के त्रिशूल की जगह अचानक इस बल्ले का आना अचरज पैदा करता है। इन शिवभक्तों के पैर नंगे नहीं हैं वे प्लास्टिक की चप्पलें आदि पहने हैं, नंगे पैर कम नजर आते हैं। जूते ट्रक में आराम करते हैं, कांवड़ कंधे पर हैं, मगर उनके गंगाजल के बर्तन थर्मोकोल के हैं, कांवड़ों पर भगवा झंडियाँ फहराती हैं। कांवड़ियों की औसत उम्र बीस-पच्चीस

के बीच है। कई बार तो दस-बारह साल के बच्चे तक दिखलाई पड़ जाते हैं। कुछ औरतें भी कांवड़िनें बनी नजर आती हैं। जिन सड़कों को किसी वीवीआईपी के आने-जाने के लिए सुरक्षा के खयाल से आधे घंटे के लिए रोका जाता है, उसी रूट को इनके लिए कई दिन से रोका हुआ है।

वे दिखने के लिए ललकते हैं कि लोग उन्हें देखें कि उनके कंधे पर ही अब भक्ति का सारा भार है। उनका ब्रांड भगवा हो चला है। वे जरा-सी बात पर फैल जाते हैं और हिंसा करने लगते हैं। उनकी ताकत का स्वाद हरिद्वार स्वयं चख चुका है और सारे रूट पर आते-जाते अनेक वाहन जल चुके हैं, लोग पिट चुके हैं। कुछ तो मारे भी गए हैं। छेड़-छाड़ लूटपाट का लाइसेंस इस कलजुगी भक्ति प्रदर्शन का दूसरा नाम है। पूरे हरिद्वार हाइवे पर उनका राज है। सरकारें सत्कार में कोर्निश बजा रही हैं। आप उनसे डरते हैं कि कहीं छू न जाएँ। वे मार सकते हैं, यह लाइसेंस फ्री में मिला हुआ है। दिल्ली वालों को पूरा बिजली पानी नहीं है, मगर इनके लिए पंच सितारा बंदोबस्त हैं।

पंद्रह-बीस साल पहले तक कांवड़िए इतना भगवा रंग नहीं धारण करते थे। उनके हाथ में वीएचपी मार्का त्रिशूल भी बाबरी कांड के बाद ज्यादा नजर आए हैं, पुराने लोग कांवड़ लेकर दो-दो के जोड़े में निकलते थे, प्रदर्शन और सुविधाओं से दूर आते-जाते उन्हें कोई नहीं जानता था। नंगे पाँव वे आते-जाते थे और भगवा रंग तो कतई नहीं होता था। अब भगवा रंग उनका ब्रांड होता है। डिजाइनर टी-शर्ट निकर होते हैं, चेहरे रौबदार होते हैं। ये नए भक्त श्रद्धा नहीं जगाते, आतंक पैदा करते हैं। वे हर साल बढ़ते जाते हैं। इन दिनों कोई पचास लाख पहुँचे होंगे।

ये नए शैव हैं। कम से कम शिवपुराण तो ऐसे व्यक्तित्वों के दर्शन नहीं कराता! शिव जी तो निहायत वंचितों के लोक देवता हैं। उनके भक्त अकिंचन ही हो सकते हैं। शिवकथा में वे कन्याओं की मनोकामना पूरी करने वाले देवता हैं। वे नए ताकतवर मर्दों के देवता किस कथा में हैं, पता नहीं। वीएचपी छाप त्रिशूल, अमेरिकी बेसबॉल का बल्ला और प्रचुर भगवा रंग का नया मिक्स इनकी नई डरावनी भाषा है।

**12 अगस्त, 2007**

# नई दुनिया

ग्यारह साल बाद भगवानजी ने दूध पिया। चमत्कार हुआ। चमत्कार वही होता है जो रोज-रोज नहीं होता। वह कभी-कभार होता है, पर सदियों में 'एकाध बार' वाली बात नहीं है। इन दिनों चमत्कार की फ्रीक्वेंसी जरा तेज है। दस-ग्यारह साल में हो जाता है। रोज-रोज हो सकता है। ग्यारह साल पहले सितंबर में हुआ था। गणेशजी ने दूध पिया था। भारत में ही नहीं पिया था, विदेशों में भी पिया था। दुग्ध लीला इंटरनेशनल थी। इस बार मामला नेशनल ही रहा। दो दिन तक रहा, दो दिन तक खबरें आती रहीं। देख-देख अच्छा लगता रहा। भगवानजी की लीला टीवी चैनल दिखा रहे थे, अखबार दाद दे रहे थे। फिर बहस चल पड़ी। यह भी होना ही था। जब कुछ हो जाता है तो ज्ञानीजन बहस करने लगते हैं कि क्या हुआ? कैसे हुआ? क्यों हुआ? उचित है कि अनुचित है?

बहसों में अक्सर दो दल बन जाया करते हैं। 11 साल पहले भी बने थे, अब फिर बने। एक कहता था : मामला आस्था का है, दूसरा कहता था—यह अंधविश्वास है। पहला कहने लगा कि भगवान कभी-कभी चमत्कार किया करते हैं। अपने भक्तों के लिए वे ऐसी लीलाएँ करते रहते हैं। एक आर्य समाजी नेता ने बताया कि मूर्ति में कोई ईश्वर नहीं होता। यह दयानंदजी ने बहुत पहले सिद्ध किया था, एक तर्कवादी सज्जन बोले कि नेहरू की मूर्ति तक को हमने दूध पिलाया है। कोई भी मूर्ति दूध पी सकती है। मामला सर्फेस टेंशन का है। मामला पत्थर में छोटे-छोटे सूराखों-नसों का है। मूर्ति हर दिन दूध पी सकती है। सामान्य पत्थर तक दूध पी सकता है। इसमें आस्था, श्रद्धा को लाना ठीक नहीं, तर्कसंगत नहीं। एक चैनल ने दिखाया कि मूर्ति को ऊपर से दूध पिलाया जा रहा है वह नीचे बहता हुआ गड्ढे में जा रहा है... यानी मूर्ति दूध नहीं पी रही है। पीती दिखती है, मगर दूध उसके पीने के बाद यथावत नीचे रिसता रहता है। तर्कशास्त्री ने तो कहा कि आप धातु की मूर्ति को दूध नहीं पिला सकते, वह सिर्फ पत्थर या संगमरमर की पी सकती है।

कलयुग में ये कलजुगी लोग हैं, जो आस्था से मुँह मोड़ बैठे हैं, वे धर्म में आस्था नहीं रखते, जो आस्था नहीं रखता वह चमत्कार पर कैसे यकीन करेगा? जो

यकीन करता है वही चमत्कार देख सकता है। आस्थावान ऐसा सोचते हैं भगवानजी ने 11 साल बाद दूध पिया। गणेशजी को 'मोदक प्रिय' बताया गया है। भक्तों की मानें तो इन दिनों भगवान गणेश लड्डू पसंद नहीं करते, वे दूध पसंद करते हैं। शिव भगवानजी को कभी दूध पीते नहीं सुना वे तो नीलकंठ कहलाते हैं। उनका कंठ विषपान से नीला हुआ बताया जाता है। उनके भक्त धतूरा, बिल्वपत्र आदि चढ़ाया करते हैं। इस बार भक्तों के आग्रह पर दूध पीते दिखे। यह एक नई लीला रही, और भी नयापन देखने को मिला। भगवान विष्णु के बारे में पुराण कहते हैं कि वे क्षीरसागर में शेष शैया पर लेटे रहते हैं। चारों ओर क्षीर ही क्षीर होता है। दूध ही दूध होता है।

भक्तों के आग्रह पर वे भी 'कलजुगी दूध' पीने लगे, श्रद्धा के आगे वे भी नतमस्तक हुए। ग्यारह साल पहले अकेले गणेशजी ने दूध पिया था, इस बार दो बार उन्हें देवी-देवताओं ने ग्रहण किया। अगले साल उम्मीद है कि बाकी तैंतीस कोटि देवताजन दूध पीते दिखेंगे। कहा गया है कि भगवान भक्त के वश में होते हैं। वे अपने भक्त के अनुसार रहते, काम करते हैं, भक्त असली होना चाहिए। कलयुग में समूचे उत्तर और मध्यभारत के नगरों में इतने सारे सच्चे भक्त निकल आए, इसे देख राहत मिलती है। इस घोर कलयुग में इतने भक्त हैं तो वह दिन दूर नहीं जब चारों ओर सतयुग होगा!

भगवान कृष्ण जरूर दूध के दोस्त कहलाते हैं। माखन, दही आदि चुराने की लीलाएँ बचपन में करते रहे हैं। जाहिर है कि दूध, दही, माखन चुराने की लीलाएँ वे तभी करते होंगे जब उन्हें या उनके ग्वाल-बालों को घर में कम मिलता होगा। कृष्ण जन्माष्टमी गई है। भगवान कृष्ण को दूध पिलाने का सीजन रहा, लेकिन कृष्ण भगवान को दूध पिलाने वाले भक्त इस लेखक को नजर नहीं आए। सब कलजुग का परताप। यों तो भगवानजी ने सृष्टि बनाई। इंसान बनाए। यह जगत बनाया। जगत प्रपंच बनाया, सारे इंसान बनाए। पशु-पक्षी बनाए लेकिन कलजुग के भक्तों ने भगवान को 'बनाया' है। भक्त जगह-जगह भगवान बनाते रहते हैं। श्रद्धा उमड़ी रहती है।

मुंबई में माहिम खाड़ी का पानी अल्लाहताला की करामात से मीठा बताया जाने लगा। लोग उसे बोतल में बंद कर घर लाने लगे। पीने लगे जैसे गंगाजल हो। प्रशासन ने लाख कहा : यह पानी स्वास्थ्य के लिए खतरनाक हो सकता है। प्रदूषित हो सकता है। नहीं पिएँ। लेकिन लोग पीते रहे। जाहिर है पीने योग्य पानी की कमी रही। वैज्ञानिक यहाँ भी जुटे। बोले कि भाई बरसात में समुद्र के पानी का नमक ऊपरी सतह पर नहीं रहता। यह स्वाभाविक है। चमत्कार नहीं। भक्त बोले : यह करामात है। खुदाई करामात है।

करामात के या चमत्कार के मामले में हिंदू-मुसलमान एक तरह से सोचते हैं।

यह जन मनोविज्ञान है। उसके कारण हैं। लोग जब-जब निराश होते हैं, परेशानियों से घिरे होते हैं, दुःखों से पीड़ित होते हैं, वे भगवान या खुदा का सहारा लेते हैं। यही उनके लिए धर्म की हानि होती है। उनको लगता है कि इस संसार में जब न्याय, स्वास्थ्य, रोजगार, वर, धंधा न मिले, मुकदमे हार जाएँ, तब एक ही सहारा है भगवानजी, खुदा, ईसा, गुरुजी का। यह सामान्य आदमी का स्वभाव है। इसीलिए वह अक्सर चमत्कार प्रिय होता है। चमत्कार उसे भगवान के होने का सबूत देते हैं, उसका डरा हुआ मन थोड़ी तसल्ली पाता है कि चलो भगवान तो है, जो गरीब के काम आता है। मुसीबत में काम आता है। वह तर्क से दैनिक ऊपरी जीवन जीता है। और ध्यान से देखें तो तर्क से ही भगवानजी की लीला का निर्माण किया करता है, भक्ति किया करता है, वह भगवान के चमत्कार की उम्मीद में जिंदा रहता है चमत्कार नहीं होता तो स्वयं को दोष देता है।

अन्यायी व्यवस्था को वह अपनी मुसीबतों का कारण नहीं मान पाता, तकदीर को मानता है। तकदीर भगवान बनाता है। यह मध्यकालीन मानसिकता है। कबीर ने इस मानसिकता की खूब खिल्ली उड़ाई है। दयानंद ने उड़ाई है, तर्कवादी उड़ाते हैं, मगर आम जनता को अनंत धार्मिक चैनलें, बाबा लोग रोज कहते रहते हैं 'आस्था' ठीक कि यहाँ सब झूठ है। विश्वास ठीक है, विश्वास कब अंधविश्वास बन बैठता है, भोला विश्वासी नहीं जानता।

भगवान रोज हर मंदिर में लीला करते हैं, चमत्कार करते हैं, शंखनाद से सुबह सवेरे जगाए जाते हैं, उनकी आरती उतारी जाती है। फिर रात को भगवानजी को सुलाया जाता है। हर भगवानजी का एक त्योहार है वह जमके मनाया जाता है। भक्त हो या परम भक्त सब जानते हैं कि जन्नत की हकीकत क्या है! मगर वे एक 'भ्रम', एक फैंटेसी, एक स्वप्नलोक रचना करते हैं जहाँ तकलीफ, समस्याएँ दूर होती हैं।

सिस्टम तो समस्याएँ दूर नहीं कर रहा, महँगाई बढ़ रही है, रोजगार खत्म हो रहे हैं, लूट बढ़ रही है, ऐसे में किसका सहारा है, चमत्कार का। भक्त कलियुग में स्वयं प्रदर्शनप्रिय हो चला है। गोस्वामी तुलसीदास ने तो 'कलियुग के भक्तों' की कई विशेषताएँ बताई हैं, लेकिन जब से धर्म धर्म न रहकर एक बड़ा उद्योग बना है, उसका मार्केट बढ़ा है तब से चमत्कारों के आइटम बढ़ने लगे हैं, इससे मंदिरों की आमदनी बढ़ती है जितना चमत्कारी है उतना चढ़ावा है।

भगवान ने कहीं नहीं कहा कि मेरे नाम से चढ़ावा चढ़ाओ। भावना, श्रद्धा-भक्ति के क्षेत्र जनमनोविज्ञान के क्षेत्र हैं। जब तक समाज में कष्ट है तब तक आदमी विश्वास-अंधविश्वास में जिएगा। जीवन स्थिति सुधार दीजिए। वह उतना चमत्कार प्रिय नहीं रह जाएगा।

**नई दुनिया : 27 अगस्त, 2006**

# सत्या का आग्रह

इन दिनों यह बंदा बहुत बिजी है। अभी वंदे मातरमाग्रह मना के लौटा तो राजा जी ने कहा कि सत्याग्रह भूल गए क्या? उसे मनाओ। गाँधी जी ने शुरू किया था। तुम मनाओ। औरों से कहो। वो मनाएँ तब तक मैं अगला दिवस अगला आग्रह कलेंडर से निकालता हूँ।

सत्याग्रह मना रहे थे, सत्य बोला कि तू कौन होता है मेरा आग्रह करने वाला। सत्य कभी आग्रहशील नहीं होता, गाँधी बाबा भी वैसे आग्रहशील नहीं थे कि फॉर्मल आग्रह करते फिरे वे तो सत्य के साथ प्रयोग करते थे। तब तू ही क्यों आग्रह करता है, जिद करता है, सत्याचरण कर। उतना ही काफी है। गुलाम क्या बोलता सत्य को साक्षात सामने देख काँपने की एक्टिंग करने लगा, थोड़ी देर दर्शन देकर सत्य भगवान अंतर्धन हो गए कि इतने में डिमांड आई कि हिंदी दिवसाग्रह मनाओ। हिंदी ने चुपके से कान में फुसफुसाया। भैया इसमें मेरा कोई कसूर नहीं। मुझसे पूछे गद्दे बिना ये मेरा नाम लेकर दिवस मनाते रहते हैं। मैं विवश हूँ।

हिंदी दिवस मना के चुके ही थे कि ओसामा भाई साहब का दनदनाता फोन आ धमका, कहा कि तुमने मेरा नौ ग्यारह मनाया कि बुश का नौ ग्यारह मनाया। भाई जी। जिस ओसामा का नाम आते ही अमरीका बदहवास होकर अपनी सारी फ्लाइटें जाम कर देता हो, लोग त्राहि-त्राहि करते हों, पेरानौइया का दौरा पड़ जाता हो, जिसके नाम से अखिल भूमंडल के पसीने छूटते हों, वही ओसामा ऑन लाइन बात करे तो क्या हाल बनेगा? वही हमारा हुआ। कलेजा काँप गया। बोल मुँह से नहीं फूटे। कान बजने लगे।

बोला सुनो आगे से नौ ग्यारह अलकायदा ग्रह दिवस मना करेगा। नोट कर लो!

बड़ी आफत है, जब से दादा लोगों ने जाना है कि अपने मुल्क में हर दिन किसी का दिवस, किसी का आग्रह, किसी का महादिवस मनाया जाता है, सप्ताह और पखवाड़ा मनाया जाता रहता है तब से हर बंदा एक न एक दिवस का आग्रह कर अपना एजेंडा टिका जाता।

उस दिन लंका से दशानन रावण जी का फोन आया। गुस्से में बोल रहे थे, कहे कि खबरदार जो रामनवमी रामलीला मनाई, मनाना है तो मेरा जन्म दिवस क्या बुरा है। मनाओ। नहीं मनाओगे तो समझ लेना मैं मरा नहीं हूँ, मरने का ड्रामा भर किया था। अपना कांट्रेक्ट था। रामलीला मनाने वालों में अपने बंदे भी रहते हैं, मुँह में रामनाम रहे, दिल में मैं रहता हूँ। मेरा जन्मदिवस मनाओगे तो सोने में तोलूँगा। राम से क्या मिलेगा? मुक्ति भी मैं ही दूँगा। तू मेरा भजन किया कर।

सर जी! अभी हम बुशजी के कहने पर नौ ग्यारह कर चुके हैं। उधर भाई ओसामा कर रहे हैं कि हमारा मनाओ। अब आप हुकुम दे रहे हैं कि मनाना है तो हमारा मनाओ। डेट एक है, आदमी तीन। आप लोग ही फैसला कर लो। हमें क्यों बीच में फाँसते हो, हाथियों की टक्कर में घास पात यों ही रौंदा जाता है, माफ करो।

सुना है इन दिनों रावण बहुत नाराज घूम रहा है। उसने ओसामा से बात की है। बुश से भी की है। इनमें से किसी का फोन अब आता ही होगा। हे भगवान इन सत्याग्रहियों से इस मिथ्याग्रही को बचाओ।

**14 सितंबर, 2006**

# कामरेड कोला

कीड़ों ने कीटनाशक महिमा का बखान खत्म किया ही था कि आकाशवाणी हुई।

हे बेवकूफ कीट! क्या तूने उस महापुराण को पढ़ा है जिसे उन्नीसवाँ पुराण कहते हैं। जिसका नाम 'कोला पुराण' है। जिसके पढ़ने से सारे कोला क्लेश कट जाते हैं। कलियुग में कोला अमृत हो उठता है। जाहिर है तुमने उसे नहीं पढ़ा तभी कीटनाशक ढूँढ़ते रहे। जाओ कोला पुराण की वेबसाइट खोलो बाँचो। ऐसा सुनकर कीटों की सभा व सर्जित हो गई।

कीटों ने ज्यों ही डब्लू डब्लू डब्लू कोला डॉट काम खोला। पहली खबर देख वे दंग रह गए।

कोल्डवार खत्म हो गया, कोलावार शुरू हुआ, यह सुर्खी देख आगे बाँचा तो पाया कोला कल्चर ने कामरेडों के बीच दो फाड़ कर दिया है, केरलवासी कहते हैं : नो कोला, बंगाल वाले कहते हैं, जय कोला।

एक एक्स कामरेड कीट से रहा न गया। उसे दर्द महसूस हुआ। एक कोले ने मार्क्सवाद को विचलित कर दिया, पूरी लाइन की लाइन गड़बड़ा रही है।

कोले की महिमा अपरंपार है। कोला पुराण कहता है कि कोला पंद्रहवाँ रत्न है। समुद्र मंथन से चौदह रत्न निकले थे। लक्ष्मी जी को लेकर, फिर अमृत को लेकर देवों दानवों में ग्लोबल फाइट हो नई, मंथन प्रोजैक्ट बीच में छूट गई। कोला पाताल नरेश अहिरावण के हाथ लगा। उसने उसे तुरत मारकेट कर दिया। कोकेश्वर पेप्सेश्वर नामक कंपनियों ने उसे अमृत बना दिया। लोग पानी की जगह कोलापान करने लगे।

कोला पुराण ने इस बात का संकेत भी दिया है एक दिन कलिकाल में कोला को लेकर कामरेडों के बीच कोला फाइट होकर रहेगी। एक कहेगा, कोले को बैन करो। दूजा कहेगा कोला की जय जय भोला की जय जय। पार्टी लाइन टूट-फूट जाएगी।

कोला पुराण 'हाई थियरी' वाला भी है। वह कंज्यूमर कल्चर का महालीला कोश है। कहता है कि कोला कलिकाल में दुर्जेय होगा। वह विचारधाराओं व्यवस्थाओं से परे सर्वत्र सबको प्रिय होगा। वह कलिकाल का अमृत कहलाएगा। वह पंद्रहवाँ

रत्न जो ठहरा, जहाँ कोई फंक्शन नहीं करेगा, वहाँ कोला फंक्शन करेगा। वह तमाम तरह की कट्टरताओं को तोड़ देगा। 'ठंडा मतलब कोका कोला' 'ये दिल माँगे मोर' राष्ट्रगान की तरह गाए जाएँगे। लोग कोका कोला के आते ही शांत हो जाएँगे। जहाँ लड़ रहे होंगे वह एक बोतल प्यार पैदा कर दिया करेगी।

वह एक 'फुल डिस्कोर्स' होगा। एक बोतल का झाग दुनिया को अपने बुलबुलों में डुबा लेगा।

कीट ने पढ़ा और सोचा : इस पुराण में सारी बातें उसी तरह लिखी है जिस तरह इन दिनों हो रही हैं।

ऐसा सुन पुराण की शाख पर बैठे शुकदेव महाराज से रहा न गया। वे कोला भगवान से पूछ ही बैठे : इस चराचर को चरने वाले कोलेश्वर महाराज भगवन ये बताइए कि मार्क्सवाद और कोला का क्या संबंध है? क्या कम्युनिस्ट मेनिफेस्टो में कोला आता है? क्या मार्क्स-एंगेल्स-लेनिन-स्टालिन-माओ-होच मिन्ह', आदि ने कभी कोला चखा है?

कोलेश्वर भगवान बोले : हे कामरेड शुकदेव ये लोग भूर्ख थे। कोले से फाइट करते रहे, फाइट करने वाला गिर गया कोला फिर फिर विजयी रहा। देखते नहीं कोले ने समाजवाद गिरा दिया।

लेकिन कामरेड फिदेल कास्त्रो?

देखते नहीं कोला पीते तो आपरेशन क्यों करवाना पड़ता।

**18 अगस्त, 2006**

# कुत्ता दर्शन

कामन वैल्थ गेम्स दिल्ली और भारत की वैल्थ बढ़ा रहे हैं। वैल्थ बढ़ रही है।

सबसे पहले यमुना के कछार की हैल्थ बन रही है। वजीरपुर के दिल्लीपार के कछारों का 'मेकओवर' हो रहा है। दिल्ली के आईटीओ के पार अक्षर धाम ने पहले ही कछार को गुलज़ार कर दिया है। उसके पास ही कामन वैल्थ गेम्स का गाँव बन रहा है। रिंग रोड से सटकर कई पाँच सितारा होटल बनने हैं। कछार की भराई शुरू है। मेट्रो अलग से खिंच रही है।

सरकार की चिंता है कि कामन वैल्थ गेम्स से पहले दिल्ली न्यूयार्क बन जाए, शंघाई बन जाए। ढेर सारे पुल बन जाएँ, सफाई हो जाए।

यह कामन वैल्थ गेम्स की भावना ही रही कि दिल्ली के भीड़ भरे बाजारों को साफ-सुथरा करने के लिए बुलडोजर चलाए गए। सील बंदी की गई। पूरे साल रस्साकशी चली। पूरी दिल्ली कई बार बंद रही। शाहदरे में कुछ प्रदर्शनकारी मारे भी गए। नया मास्टर प्लान आ गया। कुछ सड़कों को सफाई मुक्त कहा गया बाकी पर तलवार लटकी है। डी.डी.ए. कॉरपोरेशन, दिल्ली सरकार और अदालत के फैसले, के बीच दिल्ली की सफाई फुटबॉल बनी रही। कॉरपोरेशन के चुनाव आ गए।

इस कामन वैल्थी वितरण का नकद लाभ दिल्ली के कुत्तों को मिलने वाला है। उनको स्वर्ग मिलने वाला है। कामन वैल्थ गेम्स से पहले तक बधिया बनाने का प्लान है। सरकार का संबद्ध विभाग ऐलान कर रहा है। कुत्तों को मालूम नहीं है। वे अँग्रेजी नहीं पढ़ सकते। दक्षिणी दिल्ली वालों के टॉमी-रॉमी भले दो चार शब्द समझते हों। बाकी दिल्ली के कुत्ते हिंदी भी नहीं समझते। मगर कुत्तों की आबादी को नियंत्रित करने का फैसला हो चुका है। फैसले ऐसे ही हुआ करते हैं। दिल्ली की कुत्ता आबादी का पक्का आकलन किसी के पास नहीं है। यदि दिल्ली में पाँच हजार गलियाँ मुहल्ले हैं तो उनमें एकाध दर्जन कुत्तों की संभावना मानी जा सकती है। इस तरह पचास-साठ हजार कुत्ते एजेंडे पर हैं। इनमें से आधी कुतियाँ होंगी। तो पच्चीस हजार कुत्ते पिल्ले तो कहीं गए नहीं। सरकार का कुत्ता कंट्रोल विभाग आने वाले कई महीने लगा रहना है।

पहले कुत्तों को पकड़कर मार डाला जाता था, मेनका गाँधी ने बड़ी मेहनत से पशु रक्षण कार्यक्रम चलाया। इन दिनों वे किसी कारण चुप हैं। कुत्तों के ऊपर उनसे बिना पूछे अन्याय की बात पर सर्वत्र खामोशी है।

कुत्तों को बधिया कर देंगे तो दिल्ली में पंद्रह-बीस बरस के बाद एक भी कुत्ता नहीं मिलेगा। मिलेगा तो डॉबरमन मिलेंगे एल्सेशियन मिलेंगे, बुलडॉग मिलेंगे, जर्मन शेफार्ड मिलेंगे, देसी कुत्ते नहीं मिलेंगे। उनके पिल्ले नहीं दिखेंगे। कुतियाएँ भी नहीं मिलेंगी, तब कुत्तों के काटने का डर नहीं रहेगा। वे पागल नहीं होंगे। सरकार ने इतना सब सोचकर निर्णय किया है। कुत्ते कह सकते हैं कि उनके बिना काटे ही सरकार पागल हो गई है।

देसी कुत्तों के बारे में ज्यादा अध्ययन नहीं मिलते, अँग्रेजी कुत्तों के बारे में न केवल किताबें पत्रिकाएँ प्रकाशित होती हैं, उनके लिए पाँच सितारा होटलों की परंपरा भी है कि मालिक जाए तो कुत्ते वहाँ सुविधा से छोड़कर जाए। देसी कुत्तों ने ऐसा नसीब ही नहीं पाया।

अपने वित्तमंत्री तक को विदेशी नस्ल के महान कुत्तों की जरूरतों का ध्यान रहा। उन्होंने उनके लिए आयातिन बिस्कुटों, खाने-पीने की चीजों पर से ड्यूटी कम कर दी। सरकार के एक जूनियर मंत्री ने इसमें हास्य रस पैदा किया कि अगर महँगाई है तो कुत्तों का खाना खाएँ। बड़ा बावेला मचा।

कुत्तों का जिक्र आते ही कुकुर रोर शुरू हो जाता है। बड़े लोगों का होता है तो बड़ी खबर बना करती है। कुत्ता लीला ठहरी!

कुछ बरस पहले लोदी गार्डन में कुत्तों का पंगा कुत्तों के मालिक के पंगे तक पहुँच गया। बात अखबारों तक आ गई। तब पाया गया कि कुत्तों को भीतर अपने संग टहलाने न लाएँ। वे कहीं भी गंदगी कर देते हैं। और भी गंदी हरकतों पर आमाद हो जाते हैं। कुछ दिन कुत्ते बाहर रहे लेकिन फिर कुत्ते भीतर जाने लगे।

गली के कुत्तों को न तो कभी फिराने दिशा मैदान कराने जाना पड़ता है। न वे रात बिरात परेशान करते हैं जो कुछ करते हैं खुले आम सार्वजनिक करते हैं। वे हमें सुरक्षा देते हैं, उनके बच्चे मनोहर लगते हैं, वे गली-मुहल्ले के कूड़े कचरे, जूठन को साफ करते हैं। गली-मुहल्लों के कुत्ते जरा-सी पुचकार पर पूँछ हिलाकर प्यार जताते हैं, फिर चाहे आप गर्दन काट लें। भोले होते हैं। हाँ दब जाने पर, परेशान होने पर वे आहत करने वाले को काट लेते हैं तो परेशानी होती है, परेशानी भी सच्ची है।

बहुत-सी तेज रफ्तार गाड़ियाँ कुत्तों को घायल कर जाती हैं। रात को बड़ी सड़कों पर दौड़ती गाड़ियाँ, बड़े ट्रकों के नीचे कुत्ते बिल्ली मर जाया करते हैं। देर तक सड़कों पर वे कुचले बिछे रहते हैं। उनकी बिरादरी वाले रोते होंगे मगर किसी से कुछ नहीं कहते। बहुत दिन बाद एक पत्रकार ने दिल्ली के कुत्तों के बारे में कुछ

हमदर्दी से लिखा था कि किस तरह वे आदमी के दोस्त होते हैं, पर्यावरण दोस्त होते हैं।

इन्हें खत्म कर देने के बाद विदेशी नस्लों का बाजार बढ़ेगा, देसी कुत्ते, देसी नस्लें नहीं रहेंगी।

कामन वैल्थ के कारण यह किया जा रहा है। सोचा जा रहा है कि कामन वैल्थ देखने जब बाहर के लोग आएँ तो वे कुत्ता दर्शन न करें। कुत्तों को नहीं मालूम कि जो देश ओलिंपिक में एक गोल्डमेडल तक नहीं पा सकता वह कुत्ता मारने में पाना चाहता है।

कुत्ते को भैंरों का रूप कहा जाता है। भैरव भाव का माना जाता है। उनकी पूजा भी की जाती है। भैरव काली की लीला में रूप धारण करते हैं। वे सांस्कृतिक वातावरण भी हैं।

दिल्ली के गिद्ध पहले ही गायब हो गए हैं। बंदर बार-बार चिंता का विषय बनते हैं। कई बार उन्हें मध्यप्रदेश में भेजा गया। मध्यप्रदेश ने तौबा कर ली, सरकार कहती है कि उन्हें चना चबैना, केले न डाला करें। लोग उनमें हनुमान के दर्शन करते हैं। उनका कोई कुछ नहीं बिगाड़ सकता।

बंदरों की जन्मदर खासी तेज है। कुत्तों की तो और भी ज्यादा है। आप आज मार देंगे। लेकिन जब तक देश में एक भी देसी कुत्ता जीवित है तब तक वे होते रहने हैं। आप उनका कुछ बिगाड़ नहीं सकेंगे। कुत्तों की 'हाय' लगी तो सरकार गिर जाएगी। याद नहीं, आपात् काल में बेबधिकरण अभियान चलाया तो किसकी सरकार गई थी?

# यत्र सेवा : तत्र मेवा

घोर अनर्थ हो रहा है। इस कलिकाल में भी कुछ ऐसे सिरफिरे हैं जो 'ऑफिस ऑफ प्रोफिट' यानी लाभ के पद को नहीं चाहते। वे चाहते हैं कि जन सेवक जन प्रतिनिधि शुद्ध मन से सेवा किया करें। मेवा की ओर न देखा करें।

संसद आने वाले दिनों में 'लाभ के पद' प्रस्ताव की लाभ-हानि दिखे सो दिखे, हमारा मानना है कि 'लाभ' शब्द का इतना अपमान न करें, ज्यादा करेंगे तो 'हानि' ज्यादा होगी। याद करें, समाजवादी सोवियत संघ ने अपने बहीखातों में 'लाभ' की एंट्री ही निकाल रखी थी। एक दिन ऐसा आएगा कि सब कुछ सौफीसद हानि में बदल गया।

अपने व्यापारी लोग दुकानदार अपनी दुकान पर तिजोरी पर बाएँ ओर शुभ लिखा करते हैं दाएँ ओर लाभ। यह परंपरा है। दफ्तरों में यह इस तरह लिखा नहीं होता, मगर हर सेवा के बदले मेवा चलती है। 'शुभ लाभ' पर हर आदमी नजर रखता है। जिस दफ्तर में 'शुभ लाभ' नहीं होता, दफ्तर बंद रहा करता है। अपनी परंपरा है, संस्कृति है। यत्र सेवा तत्र मेवा। यह शाश्वत नियम है। पाँच हजार साल से चल रहा है।

आप ही बताएँ संसार में कोई ऐसा 'पद' है जो 'मेवा' के साथ न होता हो। पद का मतलब ही लाभ है। जो बिना पद है वह या तो निर्गुण है निराकार है या शून्य है। संतों ने बहुत पहले लाइन दी है कि ये हानि लाभ सब विधाता के खेल हैं।

'हानि लाभ जीवन मरण यश अपयश विधि हाथ।' जो विधि का विधान है उसमें हस्तक्षेप कैसा? घोर पाप लगेगा।

पूँजीवाद के चिंतक संत तो बार-बार कहते आए हैं 'देअर इज नो फ्री लंच' पूँजीवाद में कुछ भी फोकट में नहीं मिलता। तब कोई भी सेवा बिना मेवा के भला कब तक होगी। जन सेवक धन सेवक न होगा तो मन से सेवा कैसे करेगा? जो पद लाभ का नहीं उधर वह ताकेगा भी नहीं! सारी सेवा बंद हो जाएगी।

तो गनीमत रही कि सरकार ने, वक्त रहते कुछ 'लाभ के पदों' को 'लाभ के पद' मानने से इनकार कर दिया।

देश बच गया। दफ्तर बच गए। सेवा बच गई। मेवा भी बच गई।

बस मानने की बात है, अवधारणा की बात है, मानो तो भगवान नहीं तो पत्थर। इसी तरह मानो तो 'मेवा' है नहीं तो 'सेवा' है।

हम तो कहेंगे सेवा के साथ 'मेवा' पहले ही तय कर दी जाए, सारा टंटा इसे तय न करने का परिणाम है। साफ-सुथरे पारदर्शी 'सेवा' के नियम बनें। इस काम को करने के इत्ते! उसे करने को उत्ते! हर दफ्तर के बाहर रेट चार्ट टँगा हो, अंग्रेजी के साथ हिंदी में तो जरूर हो। सब जानें पढ़ें, करें, सेवा के बदले मेवा दें।

अपना गरीब समाज तरह-तरह के सेवकों, स्वयंसेवकों, जनसेवकों, धनसेवकों, गनसेवकों से बना है, वे सेवा के बिना नहीं रह सकते! सेवा करेंगे, तो मेवा चाहेंगे! क्या गलत करेंगे?

आप क्यों इन गरीबों के पेट पर लात मारते हो खाओ और खाने दो, पाओ और पाने दो, जियो और जीने दो, पियो और पीने दो।

20 जुलाई, 2006

# कैसे गुरु कैसे चेला

दक्षिणपंथी वामपंथियों से शिक्षा माँग रहे हैं। वामपंथी पूँजीपतियों से शिक्षा। विचारधारा का शर्बत बन रहा है।

दक्षिणपंथी कह रहे हैं कि वामपंथियों से सीखना है। चुनाव जीतने का कौशल सीखना है। देखो तो कितने दिनों से लगातार जीतते आए हैं। सातवीं बार भी सत्ता में आ गए। कमाल है। हमने तो सोचा था कि इस बार जनता इन्हें लुढ़का देगी। बंगाल की खाड़ी में डुबो देगी। चुनावी तिकड़मों पर चुनाव आयोग नकेल कसेगा। कहाँ जाएँगे ये वामपंथी।

अब अपने बंदों से कह रहे हैं कि वामपंथियों से सीखो। चुनाव जीतने की कला सीखो। सत्ता में लगातार बने रहने की कला। बुद्धा के ब्रांड के बाजार को हड़प लेने की कला।

कलजुगी राजनीति जब विनय पत्रिका लिखती है तो इसी तरह लिखती है। कोई भी किसी से सीखने की बात करने लगता है। गाने लगता है : प्रभु जी तुम चंदन हम पानी, प्रभु जी तुम मोती हम धागा! प्रभु जी तुम गुरु हम चेला, पाँच मिनट का गुरु पाँच मिनट का चेला।

वे धागे बने मोती ढूँढ़ रहे हैं, भगवा रंग का धागा लाल की चाहत में गा रहा है : गुरु बिन ज्ञान कहाँ ते पाऊँ। हे वामपंथी गुरु जी मुझे चेला बना लो।

एक दूसरे शिक्षार्थी भी पैदा हुए है वे आधे दक्षिण आधे वाम के बीच घिरे रहते हैं। कह रहे हैं कि पश्चिम बंगाल के भूमि सुधार बिहार में लागू करने की जरूरत है। उन्हें लागू करने का तरीका सीखना है। लागू करेंगे तो हम भी सात बार जीतेंगे।

कलजुग में ऐसा शील, ऐसी विनय बड़ी मुश्किल से नसीब हुआ करती है।

ऐसे विनयी शिक्षार्थी जब नए-नए गुरु खोजते हैं तो नए गुरु बन रहे हैं। दक्षिणपंथी चेले वामपंथियों को गुरु बनाने पर तुले हैं।

शास्त्र कहते हैं कि अपने मूल गुरु को कभी विस्मृत नहीं करना चाहिए। चेला गुरु द्रोह करता है तो सीधे नरक में सीट रिजर्व हो जाती है। गुरु का शाप मिलता है।

जिनके गुरु ने वामपंथियों को म्लेच्छों के बराबर माना हो, विदेशी एजेंट माना हो वही अब उन्हें गुरु बनाने की बात कहें तो पुराने गुरु तो क्रोध से पागल हो जाएँगे न। यही हो रहा है। चेला अपने असल गुरु की लाइन छोड़ नई लाइन पर जा रहा है। सत्ता जो न करा दे वही कम।

गुरु चेला संबंध के मामले में कबीरदास क्रांतिकारी बात कहते हैं। वे गुरु को गोविंद से बड़ा कहते हैं। वे चेले को घड़ा कहते हैं। वे असली गुरु का अकाल मानते हैं। कलजुग में अच्छे गुरु नहीं मिलते लेकिन चेला नहीं जानता कि क्या कह रहा है।

वामपंथी जिसके गुरु होते हैं। उसे बड़ा रगड़ते हैं। पहले सर्वहारा बनाते हैं फिर बुर्जुआ जी कहरते हैं।

दक्षिणपंथी चेला अगर वामपंथी बना तो दक्षिणपंथ का क्या। अगर वामपंथी चिंतित है कि ऐसा हुआ तो उनका क्या होगा। वे खुद पूँजीवाद को अपना गुरु बनाने पर तुले हैं।

**22 जून, 2006**

# कीड़ों की बातचीत

कोक पेप्सी में फिर कीड़ों को मारने की दवा निकली है, यह सुनकर इस मौसम में निकलने वाले कीड़े शर्मिंदा हो रहे हैं। टीवी पर खबर सुनकर एक घासीराम छाप कीड़ा बोला : यार मैं तो इधर घास में रहता हूँ ये जो दोपाए चौपाए यत्र तत्र विचरण करते हुए इस असार संसार में जो कुछ त्यागते रहते हैं, अपन उसी में से खुराक पाते हैं। मक्खियाँ अपनी दोस्त हैं, चींटी, दीमकें, लाल काले तरह-तरह के कीड़े, भिनगे सब इसी में जन्म लेते हैं। मस्त रहते हैं। इन दिनों बारिश है, कीचड़ है, उमस है, अपनी मौज बहार है।

लेकिन ये क्या सुनता हूँ कि कोक पेप्सी की बोतल में कीड़ा मार दवाई मिल रही है। ये कैसे हो सकता है। ये तो अपने लिए रिजर्व होती थी।

दूसरा कीड़ा बोला : अबे यार धीमे से बोल। ये देख। ये मल्टीनेशनल कीड़े मारने वालों की साजिश है कि वे अब हमें 'कोक पेप्सी' की बोतल के रास्ते मारने पर आमादा हैं।

पहला कीड़ा बोला : अबे बेवकूफ! तेरी अक्ल बड़ी खोटी है भइए। हमसे कीड़ा मारने वाले हार गए। तभी तो बोतल में बंद कर दिया दवाई को सबसे बड़े कीड़े मारने को!

दूसरे ने पहले को शटअप करते हुए डाँटा : अक्ल के दुश्मन! कीड़े मारने वालों ने हमें मारने की अब यह नई तरकीब निकाली है। पहले आदमी पिएगा फिर वह दिशा मैदान जाएगा। बाथरूम जाएगा। और इस तरह हमारा जीवन खतरे में आएगा। क्या तुम इतनी-सी बात नहीं समझ सकते।

तभी संसद में संसद सदस्य जोर-जोर से बोलने लगे। जंगल के सारे कीड़े अपने नीम के पेड़ पर टँगे टीवी सेट पर लाइव देखने सुनने लगे?

एक सांसद बोले : यह कोक पेप्सी खतरनाक है, इन्हें बैन करो। दूजे ने कहा इन्हें बैन करो। तीजे ने कहा : इन्हें बैन करो। सब बोले इन्हें बैन करो।

तभी एक बुजुर्ग कीड़ा बोला : भाइयो बहनो! शोर मत करो। धीरज से मेरी बात सुनो! ज्यादा उत्तेजित होने की जरूरत नहीं। देखो! तीन साल पहले की बात

है, तब भी यही संसद थी, ऐसे ही संसद जन थे। तब भी किसी ने बताया था कि कोक पेप्सी में जितना 'एलाउड' है उससे कहीं ज्यादा कीड़ों को मारने वाली दवाएँ हैं। जानते हैं तब क्या हुआ था? संसद की कैंटीन में तुरत प्रभाव से ये कोल्ड ड्रिंक्स बंद कर दिए। कमेटी बैठी, जाँच की। रिपोर्ट दी। लेकिन देश में बोतलें बिकती रहीं। करोड़ों रोज बिकती रहीं, तीन साल से बिकती रहीं। वैसी ही जैसी कि तीन साल पहले पकड़ी गई थीं। सांसदों का स्वास्थ्य कीमती था। लोगों का नहीं था। यों भी आबादी बढ़ती जाती है। है कि नहीं। बुजुर्ग कीड़ा हँसा।

तभी एक नन्हे से यंग कीड़े ने जिज्ञासा की : दादाजी ये बताइए कि कीड़ामार दवा की मात्रा 'एलाउड' क्यों है? क्या वह फायदेमंद है हैल्थ के लिए?

बुजुर्ग कीड़े ने दाढ़ी पर हाथ फिराया फिर बोला : बंटी बेटे बात ये है कि ये जो आदमजात है न ये है ही ऐसी। हर चीज इन दिनों 'एलाउड मात्रा' में खाती-पीती है। उसके अनुसार जो जहर भी एलाउड मात्रा में ले लेना चाहिए। कीड़ामार दवाई एलाउड मात्रा में लेते रहेंगे तो आती बन जाएँगे। उसका खतरा जाता रहेगा। फिर भारत के लोग तो ऐसे ही इतने प्रदूषण पोल्यूशन में जीते हैं जैसे हम। वे भी हमारी तरह आदी हो गए हैं।

नन्ही कीड़ी ने तब सवाल किया : अंकल जी! ये तो ठीक है तब ज्यादा मात्रा में कीटनाशक क्या जान बूझ कर दिया लिया जाता है? दादा जी ने चश्मा साफ करते हुए कहा : हा बच्ची! मल्टीनेशनल है। ...जो चाहे बेचे। जैसे चाहे बेचे बस बेचते रहें। हम ग्लोबल बने रहें। यही सब चाहते हैं।

'लेकिन बाबा रामदेव तो कहते हैं कि कोल्ड ड्रिंक्स में इतने पेस्टीसाइड हैं कि टॉयलेट एकदम साफ हो जाता है। क्या सांसद सब उन्हीं की कही नहीं बोल रहे हैं?'

'देखो बेटी बाबा ने सत्य पहले ही पकड़ लिया था, तीन साल बाद अब फिर पकड़ा है, फिर कमेटी बनेगी, रपट देगी। फिर एलाउड मात्रा पेस्टीसाइड रहेगा। पेस्टीसाइड जाने वाला नहीं। बस मात्रा की लड़ाई है।'

तब तो हम लोग महफूज रहेंगे? सब कीड़े बोले और हँसने लगे।

# बात इज्जत की

'बात जब इज्जत पर आ गई है तो दारासिंह चोटों की परवाह नहीं करता' यह कभी पहलवान दारासिंह का बयान हुआ करता था। दिल्ली की दीवारों पर 'फ्री स्टाइल' कुश्ती के पोस्टर चिपकाए जाते, दारासिंह को किसी राक्षसनुमा पहलवान से पिटता दिखाया जाता। तब दारासिंह अगले दिन ललकार कर कहते : 'बात जब इज्जत पर आ गई है तो दारासिंह चोटों की परवाह नहीं करता।'

यह नारा अपना काम करता, लोग फ्री स्टाइली कुश्ती देखने टूट पड़ते। टिकट बिकतीं कुश्ती हिट होती। दारासिंह अंततः कुश्ती जीतते। इज्जत के लिए जान पर खेला जाना इसी को कहते हैं। भारतीय संस्कृति तो इज्जत पर मर मिटने वालों से अटी पड़ी है। सम्मान के लिए लोगों ने क्या नहीं किया। 'विरुद' के लिए कौन-सी बाजी नहीं लगाई? सब जानते हैं कि दुर्योधन का जब द्रौपदी ने यह कहकर मजाक उड़ाया कि अंधों के बेटे अंधे होते हैं तो सिर्फ आत्मसम्मान की खातिर ही उसने द्रौपदी का चीर हरण किया कराया।

अरे! शूर्पणखा की नाक काटने के बदले सीताहरण क्या शूर्पणखा के आत्मसम्मान की रक्षा नहीं कहलाएगा?

अरे अपने यहाँ तो लोग जरा-सी बात पर सब कुछ लुटाने वाले ठहरे! बस एक बात के लिए जिए : इज्जत आत्मसम्मान! आत्म गौरव।

इज्जत के लिए मर मिटने की बीमारी शाश्वत है, जब कभी किसी के आत्म सम्मान पर 'चोट' लगे तो समझिए कि वह अब सारे काम छोड़कर उसकी रक्षा पर उतारू है, वह मूँछों की रक्षा के लिए कुछ भी कर गुजरेगा। जात, कुल की इज्जत ही रक्षा के लिए लोग किसी भी हद तक चले जाते हैं। रोज की बात है। घर-घर का सीन है।

आप दिल्ली की ब्लू लाइन बसों में देखें। कंडक्टर कहेगा : तूने टिकट ले लिया! टिकट न लेने वाला कहेगा नहीं लिया तू के करेगा? कंडक्टर कहेगा : ओए मुँह सँभाल के बात कर! तूने मुझे तू कहकर के कैसे बोला? तेरी ये हिम्मत तेरी तो... टिकट लेने वाला जवाब देगा : ओए : तूने गाली कैसे दी। तेरी तो... और

आप देखेंगे कि देखते-देखते फाइट शुरू हो गई है। फाइट 'तू' कहने को लेकर हुई थी। फाइट इज्जत की खातिर हुई थी। फाइट की खातिर दोनों पुलिस के हवाले हो जाएँ। उनकी बला से। बात इज्जत पर बन आती है तो उसके लिए सब कुछ दाँव पर लग जाता है।

तो भैया पिछले दिनों एक पुस्तक लेखक ने अपने 'सम्मान की पुकार' पर अपना सब कुछ दाँव पर लगा दिया। कह दिया कि 'मोर के घर चोर' है। मोर वाले बोले कि चोर है तो रिपोर्ट करो। वो बोला : चोर के पाँव नहीं होते। कहावत है, सो इतना ही मालूम है कि चोर तो था, कहाँ था–किसका था नहीं मालूम। अब सारा देश हँस रहा था मगर भाई साहब थे कि इज्जत पर अड़े थे। नाम पद पहचान कुछ नहीं जानते थे बस 'चोर-चोर' चिल्ला रहे थे।

हिंदी साहित्य के विद्यार्थी जानते हैं कि हिंदी कविता में छायावाद रहा है, इसमें सत्य नहीं होता था। सत्य की छाया रहती थी। सत्य तो हाथ आता नहीं था, उस की छाया से ही काम चलता था। जब कोई पूछता : भाई अपने सच का नाम बताओ। तो कवि छाया में खड़े होके कविता करने लगता :

'तुम कौन अए द्युतिमान
जान मुझको अबोध अज्ञान
निमंत्रण देते मुझको मौन
बता दो तुम हो कौन।'

अरे भाई जी। जवाब कभी नहीं मिलता। इसे रहस्यवाद कहा गया।

इन दिनों हमारे नाम के बीच इज्जत की लड़ाई छायावादी रहस्यवादी अंदाज में चल रही है। छाया में खड़े होकर राजनीति की छायावादी कविता की जा रही है कि मालूम नहीं मगर इतना मालूम है कि कुछ तो था। चाहे गोलमोल था। मगर था।

ऐसे ही मौके के लिए कविवर गिरिधर राय ने कहा है :

बिना बिचारे जो करै सो पाछे पछताय
काम बिगारै आप नौ जग में होत हँसाय।

तो भाई जी। जी भर कर हँसो।

□□□